명저 읽기와 글쓰기

인문계열

명저 읽기와 글쓰기

초판 발행 2011년 3월 25일
초판 2쇄 2012년 2월 15일

지은이 김정화 · 노상래 · 박승희 | **펴낸이** 이효수 | **펴낸곳** 영남대학교출판부

출판등록 1975년 9월 5일 경산 제16-1호 | **주소** 경북 경산시 대동 214-1
전화 053) 810-1801~3 | **FAX** 053) 810-4722 | **홈페이지** book.yu.ac.kr

ISBN 978-89-7581-407-5

• 값은 표지 뒷면에 있습니다.
• 잘못 만들어진 책은 바꾸어 드립니다.

명저 읽기와 글쓰기

인문계열

김정화·노상래·박승희

pegasus

머리글

지식 기반 사회에 기초할 21세기 매체적 환경의 급속한 변환은 교양교육에 대한 새로운 반성과 모색의 필요성을 동시에 강요하고 있다. 다원화, 다각화, 다변화되어 가는 시대에 부응하고 진취적 인재 양성에 부합하는 새로운 교양교육에 대한 요구가 드세어 가는 요즘 이 책은 우리나라 대학 교양교육의 새로운 패러다임을 제시하고자 만들어진 교재이다.

이 책의 가장 큰 특징은 많은 고전을 쓰기와 읽기 교육의 텍스트로 끌어들인 데 있다. 그러면서 고전이 단순히 '고古' 전에 머물지 않고 오늘의 우리 삶에 어떻게 '현現' 전으로 되새김질할 수 있는지에 대한 고민의 결과물이기 때문에 우리는 고전을 굳이 명저라고 지칭하였다. 우리 대학에서 과감히 도입한 교양교육의 획기적인 프로그램은 이미 주요 언론에 여러 번 소개되었으며, 다수의 대학들에서 우리 대학교의 교양교육 프로그램을 본떠서 따라하기 시작했다. 이 책은 바로 그러한 획기적인 교양교육의 방향을 구체화하기 위해 마련된 결과물이다.

이 책은 기왕의 쓰기 위주 교육을 뛰어넘어 읽기, 쓰기, 토론하기 등의 과정을 복합하고 조화시켜 능동적이고 진취적이며 창조적인 인재 교육에 필요한 내용들로 구성되어 있다. 특히 명저 백선을 토대로 하여 고전의 현대적 의미를 재해석하여 추출하고 그것이 오늘과 내일의 삶에 어떤 방식으로 활용될 수 있을지에 대한 화두를 제시하고자 했다. 이를 위해 지난 1년여 동안 국어국문학과와 국어교육과 교수들, 특히 필진으로 참여한 교수들의 고민의 무게는 적지 않았다. 그 고민의 결실이 '명저 읽기와 글쓰기'로 맺어졌다.

이 책은 영역의 학문적 특성을 고려하여 크게 네 전공 영역으로 나누어 집필되었다.

① 인문계열 '명저 읽기와 글쓰기'
　– 어문, 역사, 철학, 심리, 신문 · 방송 · 광고 분야

② 사회계열 '명저 읽기와 글쓰기'
  — 법, 정치, 행정, 경영 · 경제 분야
③ 이공계열 '명저 읽기와 글쓰기'
  — 이과, 공과, 약학, 의학 분야
④ 사범예체능계열 '명저 읽기와 글쓰기'
  — 사범, 미술, 음악, 체육 분야

이 책은 한 학기 동안 약 7권의 명저를 읽고, 그것을 현재적 의미로 재해석하는 과정을 거쳐 학습자의 생각을 글쓰기로 드러내도록 구성되어 있으며 글쓰기 단계마다 첨삭지도가 더해져 심화학습이 가능토록 했다. 그리고 이런 과정들 속에 다양한 쓰기와 토론의 형태를 유기적으로 연결하여 한 학기를 마칠 때쯤이면 더 큰 사고를 할 수 있도록 유도하였다. 무엇보다 이 교재가 가진 장점은 과정들 속에 학습자들이 능동적으로 참여하여 사고의 깊이와 폭을 더할 수 있도록 구성되었다는 점이다.

이 책의 집필에는 각 영역별로 3명의 필진이 참여하였으며, 책이 완성될 때까지 매월 2회 이상의 공동회의와 매 학기 2회 이상의 교과목 담당 교수들의 집담회를 거쳐 교재를 다듬어 갔다. '명저 읽기와 글쓰기' 라는 강좌 자체가 우리나라 대학 교육에서 교양 필수 과목으로 채택된 것이 '초유의 사건' 이기 때문에 집필 초기 단계에서부터 상당한 중압감을 가지지 않을 수 없었다. 각 영역별의 학문적 특성을 고려한 텍스트를 우선 선정한 뒤 선정된 명저를 집필진이 먼저 읽고 해석해야 했으며, 그것의 현재적 가치를 찾아내는 작업을 하는 동안 다양한 사례들을 살펴 모형을 개발했다. 아울러 각 명저별 관련 자료를 탐색하여 다양한 견해들을 놓치지 않으려 애썼다. 그런 지난한 과정을 거쳐 이 책은 완성될 수 있었다. 집필진은 저마다 새로운 길을 연다는 개척자의 정신으로 집필에 임했으며, 수많은 회의가 진행되는 동안 쏟아진 다양한 견해들을 하나로 모아가는 과정에서 훌륭한 교양인과 전인적 지성인을 배양해야 한다는 하나의 초점을 향해 가는 열정을 확인할 수 있었다.

이 책은 공동의 산물이다. ① 인문계열 '명저 읽기와 글쓰기' 는 김정화 · 노상래 · 박승희 교수가, ② 사회계열 '명저 읽기와 글쓰기' 는 김문주 · 심상민 · 정시열 교수가, ③ 이공계열 '명저 읽기와 글쓰기' 는 김기호 · 이혁화 · 조보라미 교수가, ④ 사범예체능계열 '명저 읽기와 글쓰기'는 이강옥 · 이미향 교수 및 김효주 외래교수가 집필하였다. 꼼꼼히 살펴 깊이 생각하고 신중하게 써서 퇴고하였지만 빠뜨린 부분이 혹 있을지 모르겠다. 질정해 주시면 고치고 보태려 한다.

이제 이 책을 세상에 내놓게 되었다. 작은 열매이지만 큰 울림이 있기를 바란다. 쉽지 않은 작업에 뜨거운 열정과 사명감으로 동참한 모든 집필진의 바람은 단 한 가지이다. 이 책이 세상을 따뜻하게 만들 수 있는 아름다운 인재들에게 작은 지침이 될 수 있었으면 하는 것이다. 아울러 책에 인용된 자료를 사용할 수 있도록 흔쾌히 허락하여 준 많은 저자들과 출판사들에 감사를 드린다. 그리고 행 · 재정적 지원을 아끼지 않은 이효수 총장, 전경희 기초교육대학장과 영남대학교 출판부에 감사의 뜻을 전한다.

2011. 3.

『명저 읽기와 글쓰기』 집필진 일동

책안내

'인문계열 명저 읽기와 글쓰기'는 이제 인문학을 시작하는 새내기들이 명저를 통해 세계에 대한 사유 능력을 확장하고 명저의 내용을 현재적 가치로 전환할 줄 아는 인재 육성을 위해 마련된 것이다. 이는 타 계열(이공계열, 사회계열, 사범 · 예체능계열)의 교육 목표와도 기본적으로 같다. 다만, 선정된 명저들은 삶의 지혜를 담은 여러 명저들 중에서 인문학적 상상력과 생태적 이해, 역사의 재구성, 개인사와 신념의 문제, 자본에 대한 사회적 재인식 등 지금의 인문학적 사유 혹은 이슈와 관련된 6권이다. 특히 인문학 내 각 전공의 지식 생태를 최대한 고려하고 새내기들이 비교적 흥미롭게 읽을 수 있는 책을 골라 담았다. 그리고 타 계열의 명저도 함께 살피기 위해 세 계열(이공, 사회, 사범 · 예체능)의 명저를 각각 1권씩 실었다. 선정된 명저는 다음과 같다

●인문계열 선정 명저(6권)

선정 도서	저자
오래된 미래	헬레나 호르베리 호지
멋진 신세계	올더스 헉슬러
사기(열전)	사마천
간디의 자서전	간디
아라비안 나이트	
거대한 전환	칼 폴라니

●타계열 명저(3권)

계열	선정 도서	저자
사범 · 예체능계열	백석 시집	백 석
이공 계열	이기적 유전자	마빈 해리스
사회계열	문화의 수수께끼	리처드 도킨스

총 15주에 걸쳐 진행되는 '인문계열 명저 읽기와 글쓰기'는 6권의 명저를 읽고 이해하는 과정과 체계적인 글쓰기 또는 말하기 능력을 학습하는 내용으로 구성되어 있다. 강좌는 1권의 명저를 2주(4차시 수업)에 걸쳐 학습하는 방식으로 이루어져 있으며 모두 7장으로 구성되어 있다. 그리고 부록에 타 계열 명저와 한글 맞춤법, 표준어 규정, 명저 100선 등을 실었다. 각 장의 학습 내용과 의미를 간략하게 소개하면 다음과 같다.

제1장은 명저 읽기와 글쓰기의 의미, 나아가 그 통합 교육의 필요성을 서술하고 있다. 책읽기를 통해 인간 사회의 축적된 지혜를 공유하고 이를 자신의 것으로 표현하는 과정의 필요성을 제시한 장이다. '명저 읽기의 참 의미' (읽기), '나를 쓰는 글살이' (쓰기), '읽기와 쓰기 통합 모델의 구현' (읽기/쓰기 통합)으로 구성되어 있다.

제2장은 헬레나 호르베리 호지의 『오래된 미래』를 읽을 것이다. 생태 환경 분야의 필독서로 알려진 『오래된 미래』는 산업문명에 대한 근본적인 반성과 성찰을 담은 책이다. 어떤 새내기들은 이 책을 통해 생애 최초의 생태적 고민을 시작할 지도 모른다. 교재는 학생들의 읽기 결과를 다양한 방식으로 정리 · 요약하는 과정을 중심 내용으로 하고 있다. 여러 생각을 함께 나누고 새로운 해석을 공유하기 위한 것이다. 또한 교재는 절차적 글쓰기를 주요한 학습 목표로 설정하고 있다. 절차적 글쓰기가 글쓰기 교육의 기본적인 방식이자 가장 안전한 전략이기 때문이다. 특히 2장에서는 글쓰기의 기초 단계인 주제 설정과 구상 및 개요 작성을 위한 이론과 실제를 공부하게 된다.

제3장에서는 1932년에 발표된 올더스 헉슬리의 『멋진 신세계』를 함께 읽는다. 책은 '자유를 거세당한 안정과 행복이 과연 유토피아일 수 있는가' 란 질문과 오늘의 과학문명을 비평적 시각으로 제시하고 있다. 우리 학생들은 3장에서 자유, 행복, 안정 등에 대한 새로운 인식을 가지게 될 것으로 믿는다. 그것은 과학 문명에 대한 긍 · 부정의 판단에 앞서 자유와 행복에 대한 인문적 성찰의 시간을 제공하게 될 것이다. 이 책은 기본적으로 위의 제2장의 구성 방식을 따르고 있다. 달라진 것은 집단 토론 방식으로 토론을 진행한다는 점이다. 또한 3장에서의 절차적 글쓰기는 문단 구성에 관한 이해와 실제를 학습하게 된다. 문단의 구성 방식과 원리를 배우고 실제로 작성해 보는 과정이다.

제4장은 사마천의 『사기(열전)』을 읽게 된다. 역사적 사실에 대한 다양한 해석의 가능성은 오늘의 문제를 살피는 자료이며 지혜이다. 과거와 현재를 분리하는 우리들의 습관을 뒤집어서 역사와 소통하는 계기가 될 것으로 본다. 한편, 4장에서는 교차 토론 등을

통해 동료들의 다양한 관점을 듣고 생각하는, 그리고 창의적 대안을 찾는 과정을 설계하였다. 더불어 논평문 쓰기와 관련된 기초 지식을 익히고 이를 바탕으로 실제 논평문 쓰기 활동을 수행하는 과정도 담았다. 절차적 글쓰기에 대한 이해를 바탕으로 본격적인 글쓰기를 연습하는 과정이다.

제5장에서 읽을 명저는 『간디 자서전』이다. 나약한 한 인간이 어떻게 진실을 추구하게 되며 견고한 정신의 주체로 성장하게 되는가를 이 책은 속 깊이 보여주고 있다. 책을 통해 우리는 간디의 실체적 삶과 인간 신념의 형성 과정을 만나게 된다. 그리고 자연스럽게 자기를 성찰하는 특별한 과정도 경험하게 될 것이다. 동시에 자신의 삶을 다시 살피고 교정하는 자전적 글쓰기를 통해 스스로를 정리하는 시간을 가지게 된다.

제6장에서는 『아라비안나이트』를 읽고 다른 문화권에 대한 이해와 다양한 삶의 지혜를 배우게 된다. 특히 『아라비안나이트』는 흥미로운 이야기와 성에 대한 묘사로 우리 학생들의 읽기 밀도가 남다른 책이다. 이 흥미와 밀도는 문화에 대한 새로운 이해와 삶의 지혜를 만나는 즐거움에서 비롯된 것이다. 그리고 제6장에는 생활 에세이를 통해 생활 속 이야기를 글로 표현하는 과정을 연습하게 될 것이다. 교재는 일상적 경험이 한 편의 글이 되는 과정을 생활 에세이에 대한 설명과 함께 싣고 있다.

제7장의 명저는 칼 폴라니의 『거대한 전환』이다. 최근 정치경제적 영역을 넘어 인문학에서도 뜨거운 관심을 받고 있는 신자유주의 비판서다. 자유주의와 시장의 자기 조절이란 허구적 논리가 초래한 인간 사회의 파멸적 결과를 이 책은 강조하고 있다. 학생들은 책에 대한 읽기와 토론을 통해 우리 사회에 대한 비평적 시각을 확보하게 될 것이다. 아울러 제7장에서는 비평적 이해와 해석을 글쓰기로 표현하는 과정을 동시에 학습한다. 날카로운 해석과 촌철의 글쓰기 장르로 정평 있는 비평은 냉철한 문맥 밑을 흐르는 뜨거움 같은 것이다. 인문학을 전공할 새내기들이 이 과정을 통해 세계적 지혜에 접근하고 마침내 냉철하고 뜨거운 글을 쓰는 기초를 배우길 바란다.

차례

1 '세상'을 읽고 '나'를 쓰다

| 명저 읽기의 참 의미 |

모든 것이 돈으로 환산되는 시대이다. 공공의 이해와 공동체의 가치가 자본의 논리 앞에서 그 의미를 상실해 가고 있는 요즘이다. 일상에서는 인간을 둘러싼 삶의 가치가 엷어지고 상대적으로 쾌락의 입맛이 세계를 장악해 가고 있다. 자연히 어떤 문제에 대한 옳고 그름의 판단보다는 무엇이 좋고 싫은가를 더 따지는 사회가 되어 가고 있다. 이런 사회적 분위기는 언어를 통해 세계와 인간에 대해 사유하는 것을 낯설게 한다. 주지하다시피 언어를 통한 사유 방식은 세계의 가치를 재인식하고 자신의 현재를 반성하는 깊은 정신의 세계이다. 특히 '책읽기'는 세계를 이해하는 능력인 동시에 의미의 재구성을 통해 독자 나름의 세계를 창출하는 능력을 의미한다.

그러나 책읽기는 일정한 시간과 끈기를 요구하며 부분적으론 고통을 수반하는 다소 '수공업'적인 방식이라는 점에서 결코 간단치 않은 사유의 방식이다. 감각적 쾌락과 말초적 상황에 익숙한 요즘 세태에서 보면, 사실 책읽기는 현실감 떨어지는 공부법이다.

한편, 중·고등학교 교실에서 '읽기 수업'은 '읽기'를 오히려 방해하거나 거리감을 조성하는 과정이었다. 특히 중등 교육과정에서 '읽기'는 국어 교육의 주요 영역이면서도 입시 위주의 교육 환경 속에서 소외되거나 개인의 취미로 정리되기 일수였다. 더욱이 독서 교육이 '실적'과 같은 외적인 평가 결과를 중시하는 풍토에서는 책과 학생의 유기적 관계를 기대할 수는 없었다.

그런데 최근 '책읽기'에 대한 관심과 이해가 달라지고 있다. 우선, 초등 교육과정에 '독서 이력제' 등이 도입되어 수학 능력 평가의 새로운 기준으로 활용되고 있다. '읽기'가 학생들의 창의와 인성 교육을 위한 도구 교과이며 기초 학습 역량을 강화하는 중요한 교육과정이 되고 있는 것이다. 또한 전통적으로 '읽기' 교육에 대한 중요성을 전면에 내세우는 서양 교육의 영향도 컸다. 시카고 대학 등 세계 유수의 대학에서 실시하고 있는 '고전읽기 프로그램Great Books Program'이 보여준 책읽기의 위대한 결과는 우리의 책읽기 교육을 되돌아보게 하였다. 이는 최근 국내 대학에서 '읽기' 교양을 강화하는 추세와 관련하여 좋은 역할 모델이 되고 있다. 한편, 학교 바깥에서는 대중 지성들이 생활 속 독서의 의미를 재발견하면서 다양한 독서 클럽과 모임을 만들어가고 있다. '읽기'와 관련된 다양한 책들의 출간도 '읽기'의 선풍을 확인하는 대목이다.

학계에서도 '읽기'를 둘러싼 학제 간 논의와 전문적인 연구가 활발하게 진행되고 있다. '읽기'가 '국어 교육'의 하위 영역에 머무르지 않고 '독서학'이란 학문적 층위로 발전하고 있다. '한국독서학회'가 만들어지고 독서의 역사, 독서전략, 독서교육, 독서와 문학의 관계, 독서치료, 독서문화사 등 다양한 분야에서 전문적인 연구가 진행되고 있다.

이러한 '읽기'의 중요성은 '읽기'가 모든 수학 능력의 기초라는 인식과 사회적 의사소통, 창의적 활동과도 깊이 관련된다는 이해에서 비롯된 것이다. '읽기'는 단순히 읽는 행위 자체를 넘어 시대 상황을 분별하고 정보를 획득하는 과정에서 지식 축적을 경험하는 강력한 교육적 효과를 지니고 있다. 나아가 세계적 눈높이를 확보하며 우리 시대의 핵심 주제와 그 현재적 흐름을 읽는 기회를 제공한다. 당대 표현 문화의 흐름을 간파하는 것도 '책읽기'의 또 다른 결과물이다.

한편, 우리의 '명저 읽기와 글쓰기' 수업은 '명저' 혹은 '고전'을 텍스트로 하고 있다. 학교 '명저선정위원회'에서 엄선한 '명저 100선'을 중심으로 각 계열(인문계열, 사회계열, 이공계열, 사범예체능계열)마다 6~7권의 명저가 우리 수업의 텍스트가 된다. 그럼 왜 명저인가? 명저에는 인간 사회의 중요한 경험들이 응축되어 있다. 명저를 통해 우리는 인간 사회의 다양한 가치를 만나게 된다. 그리고 그 의미와 가치를 오늘에 재구성할 수 있다. 시대를 관통하는 진리를 만나고 그 핵심적 가치를 현재화하는 것은 명저 읽기의 중요한 이유가 될 것이다. 또한 명저 읽기는 현재와 호흡할 때 비로소 제 의미를 찾는다. 책은 사람이 시대와 함께 호흡한 결과이기 때문이다. 그러므로 명저 읽기는 오늘의 다양한 삶에 대응하는 하나의 방식이며 다양한 가치에 접촉하는 사회적 실천이라고 할 수 있다. 이런 까닭에 명저 읽기는 절대 불변의 무엇을 학습하는 것이 아니다. 그것은 명저가 '읽기' 의 주인공인 오늘의 나 자신에 의해 재구성되기 때문이다.

이러한 생각을 바탕으로 우리는 명저를 선정하고 교재를 준비하였다. 다음은 교재를 만들면서 특별히 고려한 내용들이다. 첫째, 우리 시대의 문제와 가치를 생각했다. 명저는 현재와의 적절한 긴장관계 속에서 그 가치와 의미를 찾을 수 있기 때문이다. 둘째, 여러 문화권의 명저를 다양하게 선정하였다. 가급적 동서 문화권의 대표적인 명저와 과거와 현재의 명저를 섞었다. 셋째, 각 계열별 대표 명저와 함께 다른 계열의 명저들도 선정하고 싶었다. 이를 통해 전공을 넘어선 다양한 영역과 만날 수 있기를 기대하였다. 넷째, '쓰기' 로 이어지는 '읽기' 교육을 고민하였다. '읽기' 와 '쓰기' 를 연결함으로써 '언어적 사유' 의 결과들을 각자가 경험할 수 있도록 했다.

독서전략 중에 '주어진' 명저의 두께만큼 책과 독자와의 거리는 멀어진다는 말이 있다. 물론 일방적인 책의 선정과 명저의 '절대화' 를 경계하자는 뜻이다. 하지만 명저 읽기에 대한 상대적인 경험 부족과 책 선정에 한계를 가진 대학 초년생들이 가급적 명저에 빨리 접근하기 위해 우리는 명저를 미리 선정하였다. 이제 선정된 명저들을 읽을 시간이 되었다. '명저 읽기' 가 우리들을 올곧고 뛰어난, 그리고 가슴 따뜻한 영혼들로 이끌어 줄 것이라 기대해 본다.

| '나' 를 쓰는 글살이 |

한국인끼리 같은 한국어를 사용하는데도 머릿속에서 번역을 시도해 본 적이 있는가? 나이, 직업, 상황 등 개인별 처지에 따라 말은 종종 자기 말로 번역된다. 많은 사람들이 의사소통의 중요성을 강조하지만, 그 이면의 내용은 사실 의사소통의 어려움에 대한 하소연이다. 의사소통을 잘하면 많은 문제가 해결된다. 그러나 의사소통을 잘못하면 문제를 만들 뿐만 아니라 인간관계를 그르친다. 나의 생각을 전하고 남의 생각을 이해하는 일은 어렵고도 중요한 것이다.

사람의 생각은 어떻게 전해지나? 마음속에 품고만 있다면 그 누구도 알 수 없을 자신만의 생각을 가지고 우리는 타인과 소통하며 살고 있다. 사회 구성원으로서 나의 정상적인 삶은 내 생각을 전하는 것뿐만 아니라 무수한 이들의 생각을 알아들어야 가능하기 때문이다. 다행히 인간에게는 말과 글이란 소통의 도구가 있다. 그 덕분에 인간은 듣고 말하고, 그리고 읽고 쓰며 남과 더불어 산다. 결국 삶은 의사소통의 연속이다.

읽기와 쓰기는 글을 도구로 한 의사소통의 방법이다. '글살이' 란 말로 하는 생활보다 의도적인 노력이 더 투자되는 것인 만큼 누구에게나 어렵고 부담스러운 것이다. 그러나 글이 없던 때 시간과 공간의 한계를 벗어나지 못해 불편했던 의사소통을 상상해 보면, '글살이' 가 상당히 유익함을 이해할 것이다. 사실 인류가 글로 생활한 시간은 6000년 정도밖에 안 된다. 글은 오랜 시간 의사소통에 불편함을 느낀 인류가 필요에 따라 발명한 '위대한 발명품' 이었다. 그 후 글은 인간 세상의 문명과 함께 생활 속에 자리했고, 이제 글이 없는 현대인의 생활은 상상하기 어렵게 되었다. 그리고 글은 현대인의 일, 자아실현, 존재감 확립에 필수적인 도구로 쓰이고 있다.

현대사회의 구성원으로 성공하기 위해서 갖추어야 할 조건은 어떤 것일까? 많은 사람들이 영어, 기술 관련 자격증, 대인관계 형성 및 유지법 등을 들 것이다. 실제로 한 전문업체에서 조사한, 2010년 취업에 성공한 206명의 '대졸 신입사원 평균 스펙' 을 보면, 토익 평균 712점, 학점 3.5점, 자격증 평균 2개라 한다. 그러나 이는 취업의 준비과정에서, 자기 관리를 잘 하면서 얻게 된 일정 수준의 성적일 뿐이다. 그들의 성패에는 쓰고 말한 순간이 반드시 있었다.

인생의 중요한 문을 통과하는 데 글을 읽고 쓰는 능력은 결정적인 요인으로 작용한다. 학창시절에 글을 쓰는 능력은 좋은 성적을 취득하는 필수 조건이다. 학업 이후에는 취업과 승진 기회를 결정하는 관문에서 글 쓰는 능력이 통과 여부를 결정한다. 사회에서 일정 지위를 가지고 업무를 수행할 때는 글쓰기가 일하는 도구로 작용한다. 회사에서 제품 사용 설명서를 작성하거나 홍보하며, 상사에게 결재 서류를 올리거나 임직원 및 소비자 앞에서 맡은 일을 설명한다. 미국에서 실시한 설문조사에 따르면 전문인은 직장에서 보내는 시간 중 3분의 1을 편집, 프레젠테이션 준비 등 쓰기와 관련된 일에 쓴다고 한다. 글을 쓰는 시간이 중간관리자 40%, 매니저 50% 등 승진할수록 그 비율은 더 늘어난다. 미국의 경우 '직장에서 제출하는 보고서'가 곧 '승진 청원서'가 되기도 한다. 마치 운전면허증이 운전기사만의 전유물이 아닌 것처럼, 현대에서 글쓰기는 작가만의 전유물이 아니다.

글쓰기에는 여러 가지가 있다. 쓰는 목적에 따라 학문적 글쓰기, 심미적 글쓰기, 실용적 글쓰기 등으로 나뉘고, 글쓰기와 관련한 실제적인 교육에서부터 학문에 이르는 넓은 영역에 걸쳐 있다. 이런 이유로 일반인들이 쓰기의 뜻을 오해하기도 한다. 결재 서류, 전자메일, 보고서, 제안서, 기획서, 제품설명서 등 우리의 삶을 유지하게 하는 실용적 글쓰기는 우리에게 필수불가결한 활동이다. 우리가 글을 전혀 쓰지 않아도 된다면 아마 사회 속에서 자신의 생존을 포기한 때일 것이다. 실용적 글쓰기 능력은 여러 시험의 순간에서 우리 삶을 앞으로 나아가게 할 뿐만 아니라, 타인에 대한 이해와 자신을 관찰하고 다스리는 데도 도움을 준다.

굳이 그러한 장점을 계산하지 않더라도 우리는 모두 글을 잘 쓰고 싶어 한다. 그런데 글쓰기를 잘하고자 하는 마음은 다 갖고 있는 데 비해, 좋은 글을 쓰려는 노력은 그리 구체적으로 하지 않는다. 의욕만으로는 좋은 글을 쓸 수 없다. 좋은 글이 어떠한 것인지 알고, 글을 잘 쓰는 구체적인 방법을 익혀야 한다.

좋은 글이란 알기 쉬운 글, 분명한 글, 재미있는 글이다. 글은 읽을 상대방을 전제로 하고 쓴다. 그러므로 상대방이 쉽게 이해할 수 있어야 한다. 매우 복잡하고 심오한 내용을 다루고 있기에 어려운 글도 있지만, 그런 경우보다 어려운 글은 자신도 잘 모르고 쓴 결과물일 때가 많다. 몇 번 읽어도 무슨 말인지 알 수 없는 글은 쓰는 사람도 제대로 알지 못하고 쓴 글이다. 자신이 충분히 잘 알고 쓰면 쉬운 글을 쓸 수 있고, 그 글은 분명히 전달된다. 또한 글은 재미있어야 한다. 단순한 흥미를 뜻하는 말이 아니다. 내용과 표현 방법이 독자의 눈길과 마음을 잡을 수 있는 것이어야 한다. 그러려면 글을 쓰는 이가 읽는 상대를 잘 파악하여 쓰기의 방식과 수준을 달리해야 한다. 결국 글을 쓰는 자신과 읽을 상대방을 잘 파악한 글이 좋은 글이다.

그러면 좋은 글을 쓰기 위해 무엇이 필요한가? 첫째, 자신이 쓰려는 내용을 잘 알아야 한다. 그리고 그것을 짧은 문장과 쉬운 표현으로 분명하게 그려내야 한다. 그림이 잘 그려지지 않으면 일단 써 놓고 고치고 또 고친다. 둘째, 그 글을 읽을 상대방의 수준과 관심을 잘 파악해야 한다. 주제를 정하는 머릿속 글에서부터 상대방을 배려하는 것이 필요하다. 이런 면에서 글쓰기는 종이를 매개로 독자와 의사소통하는 것이다. 쓴 글을 두고 독자에게 맞춰 다시 고치고 또 고친다. 그러므로 셋째, 좋은 글을 쓰려면 목적에 맞추어 고치고 또 고치는 과정이 필수적이다.

사실 좋은 글을 쓰는 법에 대한 정답은 이미 예전에 나와 있다. 천 년 전, 송나라 구양수는 이미 다독, 다작, 다상량을 후세에 알려 주었다. "매일 아침 30분씩 책을 읽었다."라고 한 미국에서 성공한 사업가의 성공 비결도 이와 같은 맥락이다. 많이 읽고 자주 쓰며 많이 생각하는 것이 결국 자신만의 좋은 글을 낳고, 자신의 능력을 보일 좋은 글을 쓸 수 있는 이가 성공하는 신화는 동서고금을 막론하고 통하는 비법이란 것을 알 수 있다.

"약은 과학이지만 맛은 문화다."라는 말이 있다. 인간은 누구나 같은 약을 먹을 수 있지만 '같은 음식'을 모든 인간이 똑같이 즐겨 먹지 않는다. 인간의 문화적 조건이 다르기 때문이다. 모든 인간이 동일한 주제라 할지라도 동일한 글쓰기를 할 수는 없다. 자기만의 독특한 맛과 향기를 내는 자신의 글쓰기가 필요하다. 그런데 그 향기는 아무에게나 주어지지 않는다. 글쓰기는 밥 먹기이다. 밥은 소화가 되면 다시 먹어야지, 일회적 노력으로 삶을 유지할 수 없다. 향기가 나는 글쓰기는 밥을 먹는 것처럼 꾸준한 열정이 있을 때 가능하다.

| 읽기 · 쓰기 통합 모델의 구현 |

이 책은 읽기와 쓰기가 연동되는 통합 모델을 구현한다. 해당 명저의 전모 파악과 내재화 그리고 자기 발현으로 특징되는 읽기와 쓰기의 장점들을 취합하여 읽기와 쓰기가 각각 별도의 영역이 아닌 하나의 통합된 영역으로 구체화한 것이다. 이는 영남대학교의 교육 이념인 '인성과 창의성을 갖춘 Y형 인재육성'과 본 교과의 목표인 '명저의 핵심가치를 발견하여 현재적 가치로 재해석하고 이를 미래적 가치로 실현하는 것'과도 무관하지 않다.

읽기와 쓰기의 통합을 통해 이 책은 막 학문의 세계에 들어선 학생들이 명저에 담긴 핵심적 가치를 찾아내고, 그 위에서 자신만의 문제의식을 끄집어내 분석하고, 고민하고, 교수 · 학생과 토론하면서 이를 현재적 가치로 재창출하는 길을 걷도록 안내자 역할을 한다. 그리고 자신의 논리를 설득력 있게 표현하는 능력을 배양하는 훈련 과정을 단계적으로 제공하여 논리력과 분석력, 문제해결능력을 기르게 한다. 비유하자면 이 책은 학문의 세계에서 막 등산을 하고자 하는 학생들에게 정상에 오르는 지도를 손에 쥐어줌으로써 그들 스스로 정상에 이르고 근원에 이르러 그 묘미를 맛보게 한다.

학생이 손에 쥔 지도를 펼치면 다음과 같은 순서와 단계로 된 안내 표시를 만난다. 첫째 선정된 명저를 완독하라는 표시를 만난다. 이 표시를 만나면 학생은 '책으로 책을 보고, 사물로 사물을 보며, 먼저 자기의 의견을 내세우지 않는 자세'로 명저를 완독해야 한다. 안내된 대로 완독하지 않으면 다음의 단계로 나아갈 수 없다. 이 단계를 통과하면 둘째로 읽은 내용을 수업 중 동료들과 함께 나누라는 표시를 만난다. 이 활동은 읽은 내용을 보다 더 정밀하고 깊이 있게 이해하기 위해서이다. 이 단계를 원만히 수행하면 셋째로 읽은 내용에 대해 의문을 가지고 그 의문을 교수·학생들과 토의하고 토론하라는 안내 표시를 만난다. 새로운 이해[新意]를 얻기 위해서 의문을 품고 먼저 이해한 내용[舊見]을 뒤로 물려 놓으라는 뜻이다. 그리고 의문을 해결하기 위해 토론 혹은 토의하라는 것이다. 이 단계를 충실히 수행하면 정상에 올라 명저의 핵심가치를 맞이하는 기쁨을 맛보게 될 것이다.

명저의 핵심가치를 맞이하는 기쁨에 도취되는 것으로 끝나서는 안 된다. 안내 지도는 수행해야 할 넷째 단계를 설정해 둔다. 맞이한 핵심가치를 수용하고 수용된 핵심가치가 마침내 현재 나의 내면에 갖추어진 것임을 알고 내면화하는 단계이다. 이는 명저의 핵심가치에 대한 내면화이자 현재적 가치로의 재해석이다. 이것은 나의 내면을 확충하고 창조적으로 나의 자아실현을 돕는 것이라는 점에서 중요하다. 이 단계가 없다면 명저의 핵심가치는 하나의 지식으로 전락하고 만다. 급히 지식을 습득하여 이를 현실적 목적에 써먹고자 하는 의도가 아니라면 그렇게 해서는 안 된다. 그렇게 하는 것은 익지 않은 벼의 이삭을 뽑는 알묘조장揠苗助長과 다르지 않다.

핵심가치를 내면화하고 재해석하였다면 다섯째 단계로 그것을 쓰기를 통해 표현하라는 안내 표시를 만난다. 배우는 사람은 기질과 식견을 두터이 하여 글을 쓰는 작업을 중요하게 여겨야 한다. 재해석된 핵심가치는 기존의 의견과는 상반되는 새로운 의견이 된다. 이 새로운 의견은 다른 사람과 소통되어야 한다. 소통을 위해서 이 단계에서는 특별히 재해석된 새로운 가치를 바람직하게 표현하는 방법을 익히고 훈련을 해야 한다. 이

다섯 번째 단계를 통해 명저의 핵심가치를 발견하여 현재적 가치로 재해석하는 일련의 과정은 완료된다. 그러나 완료된 과정의 결과가 보다 큰 의의를 얻기 위해서는 이것이 미래의 실천적 삶을 위한 준거 체계로 작동되어야 한다.

명저 읽기와 쓰기는 이처럼 낮은 곳으로부터 시작하여 높은 곳에 이르는 과정에 비유된다. 그러나 산을 오르다가 중턱에서 힘이 부치면 하산을 해야 하듯이 읽고 쓰기를 완성하는 과정에서 힘에 부치는 곳이 생기면 다시 앞의 단계로 되돌아가야 한다. 처음 단계를 포함하여 앞의 단계로 되돌아가지 않으면 산에서 조난을 당하듯이 더 이상 앞으로 나아갈 수 없다. 앞의 단계로 되돌아가서 힘을 회복하고 힘이 회복이 되면 다시 다음 단계로 나아가야 한다.

모든 단계는 교실 안의 활동과 교실 밖의 활동으로 나뉜다. 명저를 완독하는 활동, 핵심가치를 내면화하는 노력, 그리고 재해석된 미래적 가치의 실천 등은 교실 밖의 활동이다. 읽은 내용의 동료 학생과 공유, 의문을 풀기 위한 토론과 토의, 그리고 쓰기는 교실 안에서 이루어지는 활동이다. 교실 밖의 활동과 교실 안의 활동은 모두 자기 주도로 하는 활동이기는 하지만 혼자서 하는 활동과 동료 학생과 함께 하는 활동이라는 점에서 차이가 난다. 이 두 종류의 활동을 안배한 것은 이 두 활동을 함께 하는 경험을 통해 점차 이 모든 과정을 학생 스스로 수행할 수 있도록 유도하기 위함이다.

교실 안의 활동을 원활히 수행할 수 있도록 이 책은 '읽은 내용의 동료 학생과 공유', '토론 및 토의', 그리고 '쓰기' 등을 위해 각각 75분씩의 시간을 안배한다. 각각은 75분의 시간 안에서 완료되어야 한다. 그러나 각각의 활동이 반드시 75분 안에 다 완료되어야 하는 것은 아니다. 활동 중 특별히 중요하다고 판단되는 경우에는 75분을 더 할애함으로써 학습의 완성도를 높이도록 한다. '읽은 내용의 동료 학생과 공유'가 특별히 중요하다고 판단되는 경우에는 75분 안에 완료하지 않고 75분을 더하여 수업을 한다. '토론과 토의', '쓰기' 활동에 주어지는 시간들도 이와 동일하게 적용된다. 이렇게 하여 한 명저 당 75분이 네 번 배당된다.

명저 읽기와 글쓰기의 통합은 명저의 핵심가치를 발견하여 현재적 가치로 재해석하며, 이를 기초로 미래적 가치를 실현하기 위한 모델이다. 이 책에서 제공하는 명저 읽기와 글쓰기 통합 교과 내용은 우리 학생들이 이러한 목표를 스스로 수행하는 능력을 함양하도록 가획된 것이다. 짧은 기간 동안이지만 이 책에서 제공하는 일련의 순서와 단계를 충실히 공부하기를 바란다. 이를 충실히 공부한다면 인생에서 스스로 정상에 이르러 그 묘미를 맛보는 기쁨을 누리게 될 것이라 기대한다.

2 『오래된 미래』를 읽고 쓰다

| 학습 목표 |

- 『오래된 미래』를 읽고 오늘의 산업문명에 대한 성찰과 새로운 삶의 가치가 무엇인지를 생각해 본다.
- 『오래된 미래』에 대한 읽기를 바탕으로 다양한 쟁점들에 대한 발표와 토론을 수행한다.
- 『오래된 미래』를 읽고 핵심 내용을 요약 · 정리해 본다
- 『오래된 미래』를 읽고 글쓰기를 학습한다. 특히 글쓰기 기초인 주제, 구상, 개요 등을 학습한다.

| 해제와 저자 소개 |

●**해제**–오래된 삶에서 미래를 배운다.

『오래된 미래』는 '개발' 과 '진보' 아래 진행되어 온 산업문명에 대한 근본적인 반성과 성찰을 담은 책이다. 16년 간 고원의 라다크란 작은 마을에서 체험한 마을 공동체에 대한 생생한 보고와 근대화에 대한 비판적 분석으로 이미 이 분야의 필독서가 된 이 책은 오늘날 인류가 직면한 사회적·생태적 위기의 본질을 명료하게 제시하고 있다.

책은 저자가 라다크를 처음 방문한 때부터 16년에 걸친 라다크의 모습과 변화를 구체적으로 담고 있다. 저자가 처음 라다크를 방문한 1975년, 라다크는 비록 인도의 영토로 편입되어 있었지만, 천년이 넘는 독자적인 언어와 티베트 불교문화에 뿌리를 둔 자급자족의 공동체였다. 당시 라다크는 자신들의 전통문화와 함께 불리한 자연적 조건에도 불구하고 근본적으로 건강하고 평화로운 공동체를 유지하며 내면적 평화를 누리며 살고 있었다. 저자는 물질적으로 크게 불편을 느끼지 않고 살아가는 그들의 수수께끼 같은 삶에 좀 더 깊이 다가가면서 점차 라다크 사람들의 생태적 지혜와 철학에 매료되었다. 그것은 곧 지금까지 자신이 별다른 의문없이 받아들여왔던 서구식 산업문명에 대한 비판을 의미하는 것이었다.

한편, 헬레나 노르베리-호지의 산업문명 비판은 감동과 뛰어난 설득력으로 유명하다. 그것은 1975년 개방 이후 라다크의 전통문화가 그 뿌리로부터 붕괴되어 가는 생생한 현장에 저자가 있었기 때문이다. 서구의 산업기술 문명이 토착문화를 어떻게 소멸시켜 가는지, 서구식 산업문화의 패권적 지배 아래에서 인류의 토착적 지혜와 기술이 어떻게 무시 되었는지, 저자는 현대사의 핵심적 재난 한가운데서 말하고 있다. 그런 점에서 이 책은 히말라야 고원의 한 마을의 범위를 넘어 인류사회 전체의 대재앙에 대한 글이기도 하다.

그리고 이 책은 인류의 위기와 함께 파괴된 인간사회를 모범적으로 재조직할 가능성도 함께 제시하고 있다. 책의 후반부에 언급된 사람들의 헌신적인 노력은 새로운 사회에 대한 가능성을 전제한 것이다. 건강한 공동체의 유지와 회복을 위한 투쟁에 자기 자신을 바치는 사람들, 주어진 사회적 특권의 길을 버린 자기희생의 정신이야말로 라다크는 물론 모든 사회의 진정한 가능성이라고 저자는 설명하고 있다.

인도 북부 라다크란 작은 마을에서 발견한 우리사회의 미래는 어떤 것일까. 헬레나 노르메리-호지는 라다크에서 본 자연과 인간의 조화로운 삶의 모습에서 미래를 발견하였다. 경제적 합리성이란 논리 아래 자행된 자연과 인간사회에 대한 파괴는 근원적인 반성과 성찰을 요구한다. 그 반성과 성찰의 기록인 『오래된 미래』는 우리에게 말하고 있다. 지금 우리에겐 "현대 산업사회의 토대를 비판적으로 검토하고, 좀 더 지속가능하고 평등한 삶의 방식의 실현에 필요한 원칙을 모색" 하는 실천이 필요하다는 것이다.

●**저자** : 헬레나 노르베리 호지(Helena Norberg-Hodge)

『오래된 미래-라다크로부터 배운다』는 헬레나 노르베리-호지 (Helena Norberg-Hodge)가 쓴 『Ancient Futures:Learning from Ladakh (Rider, 1992)』의 우리말 번역본이다. 헬레나 노르베리-호지는 본래 스웨덴과 영국의 런던대학교에서 언어학을 수학하던 학생이었다. 그러나 1975년 언어학자로서 토속 언어를 연구하기 위해 라다크에 온 후 라다크 사람들의 삶 속 깊이 배어든 생태학적 지혜와 공동체 중심의 세계관에 매료된다. 그리고 이후 16년을 그곳에 머물며 라다크 사람들과 더불어 생활한다. 서구적 산업문명에서 완전히 벗어나 거칠고 황량한 풍토와 자연 조건 속에서도 근본적으로 건강하고 평화로운 삶을 누리는 라다크 사람들이 보여준 경이로운 모습은 그에게 기존의 서구식 산업문명에 대한 근본적인 질문을 하게 했던 것이다. 그 후 그는 서구 문명의 유입 과정에서 경이로운 라다크의 전통 문화와 가치관이 붕괴되는 과정을 목격하고 현대 산업사회에 대한 비판적 강연 활동을 펼치게 된다. 지금도 그녀는 스웨덴과 독일, 오스트리아, 영국, 미국을 오가며 연구활동을 하고 있으며, 자신이 설립한 〈에콜로지 및 문화를 위한 국제협회(ISEC)〉와 〈라다크 프로젝트〉의 상임이사로 활동하고 있다. 1986년에는 대안적 노벨상으로 일컬어지는 '바른 생활상(Right Livelihood Award)' 을 수상한 바 있으며, 1992년 『오래된 미래 Ancient Futures: Learning from Ladakh』을 발표하고, 책을 영상화한 동명 영화에 공동 제작자로 참여하였다. 50여 개 국가의 언어로 번역된 책과 영화는 세계 전역의 민간운동기구 관계자들 사이에서 주요 자료로 활용되고 있다.

| 읽고 생각하기 |

독서 노트

요약 · 정리하기

Tip

요약하기는 독서의 결과를 중심으로 중요 정보를 재학습하는 읽기 전략이다. 지도 작성하기는 읽기 전략 중 가장 기본적인 요약하기 과정이다.

❶ 『오래된 미래』를 읽고 다음 지도를 작성해 보시오

〈지도 작성하기〉

1. 전통적인 생활 • • •	2. 변화 • • •

오래된 미래 – 라다크로부터 배운다

3. 미래를 위하여 • • •	4. 라다크 프로젝트 • • •

❷ 아래 제시문에서 중요한 내용을 확인하고 이를 중심으로 다음의 지도를 작성해 보시오.

농사일의 대부분은 공동작업으로 이루어지는데 지역 전체의 공동체가 모두 참여하는 경우도 있고 그보다 좀 작은 규모로 분할된 처트소에 의해 이루어지는 경우도 있다. 그 예로 수확기간 동안 농부들은 서로서로 도와가며 곡식들을 거두어들이는데 같은 마을이라도 곡식들이 익는 시기는 그 종류에 따라 차이가 나기 때문에 이렇게 서로 협동을 해서 작업을 하는 것은 여러 면에서 효율적이다. 모두 힘을 모아 함께 작업을 하게 됨에 따라 곡식이 익게 되는 시점에 가장 빨리 수확을 할 수 있는 것이다.

이런 방식으로 협동하여 농사일을 하는 것을 '베스Bes'라 부른다. 이 베스는 종종 여러 마을 사람들이 모두 함께 모여 보다 더 큰 규모로 협동 작업을 진행하기도 하는데 그것은 단지 작업의 효율성이나 경제성만을 고려해서 그런 것은 아니다. 두 곳의 밭에 심어놓은 농작물이 동시에 익어 수확을 할 수 있는 때라도 어떤 농부들은 일부러 한쪽 밭의 수확을 미루어 둔다. 다른 농부들과 함께 수확을 하기 위해서이다. 혼자서 수확을 하는 농부의 모습은 거의 없다. 대신 수확을 할 때면 남녀노소 할 것 없이 밭에 모여 함께 일을 한다. 그럴 때면 즐거운 웃음소리와 노랫소리가 일터를 가득 메운다.

'염소 보기' 라는 뜻의 '라레스Rares' 는 마을 사람들이 공동으로 가축들을 돌보는 일을 말한다. 이 라레스를 통해 농가에서는 매일 방목지로 가축들을 데리고 가 직접 풀을 뜯게 할 필요가 없다. 한두 사람이 각 농가의 가축들을 함께 모아 돌봐줌으로써 나머지 사람들은 그 시간을 활용하여 다른 일을 할 수 있는 것이다.

사유재산을 공동으로 이용하기도 한다. 고원에 있는 돌오두막들은 원래의 소유주가 있지만 여러 사람들이 이용한다. 그곳을 이용하는 사람들은 그 대가로 일을 해주거나 치즈 혹은 우유 등을 제공한다. 이런 식으로 해서 곡물을 빻을 때 쓰는 물레방아도 여러 사람들이 공동으로 사용한다. 물레방아가 없는 사람이라도 그것을 가진 사람과 사용 시기를 잘 조정하여 빌려 쓸 수 있는데 물이 부족하고 또 겨울철을 대비하여 물레방아를 사용해야 하는 사람이 많아지는 늦가을에는 그 대가로 빻은 곡식의 일정량을 주인에게 주면 된다.

일손이 딸리는 농번기에는 농기구나 가축들을 공동으로 이용한다. 특히 파종을 할 때면 농가들은 모든 작업이 가능한 한 빨리 끝날 수 있도록 자신들이 활용할 수 있는 자원들을 공동으로 사용한다. 긴 겨울이 지나 땅이 파종하기 적당한 상태가 되면 농부들은 다시 일하려는 의욕을 다진다. 이렇게 농기구나 가축을 공동으로 활용하는 관행 역시 오래 전부터 하나의 제도로 굳어진 것이고 그것을 '랑제lhangdse' 라 부른다. 그러나 이런 제도화된 구조 속에서도 높은 수준의 융통성과 유연성을 기대할 수 있다.

예전 내가 '사크티sakti' 라는 마을에 있을 때 마을 주민들은 파종 준비를 하고 있었다. 그 마을의 두 농가는 파종이 시작되기 전까지 그들 소유의 가축과 쟁기를 나누어 쓰면서 공동작업을 하자는 데 합의했다. 앞서 말한 랑제를 맺은 것이다. 그러던 어느 날 그 두 농가의 이웃인 소남 체링이 자기 소유의 밭을 갈고 있던 중 갑자기 쪼가 주저앉아서는 더 이상 일을 하려고 하지 않았다. 나는 처음 단순하게 쪼가 일을 안 하려고 고집을 부리는 게 아닌가 생각했는데 체링의 이야기는 자기 쪼가 병든 상태이고 상태가 심각한 게 아닌가 걱정스럽다는 것이었다. 내가 체링과 밭에 주저앉아 고민을 하고 있을 때 처음 이야기했던 이웃 그 사람이 다가왔다. 쪼가 병이 들어 일을 하지 못하게 됐다는 이야기를 전해 들은 그는 주저 없이 자기가 도와주겠다고 이야기했고 그와 랑제를 맺은 그 이웃도 함께 도울 것이라 이야기했다. 그날 저녁 자기들의 일을 끝마친 두 이웃 사람들은 쪼를 한 마리 몰고 와 체링의 밭일을 도왔다. 그들은 노래를 부르며 함께 일을 했는데 해가 지고 어두워져 그들의 모습을 볼 수 없게 됐을 때까지도 그들의 노랫소리는 계속 들렸다.

- 헬레너호르베리 호지, 양희승옮김, 『오래된미래』, 중앙북스, 123-126쪽

〈지도 작성하기〉

1. 베스 • • •	2. 라레스 • • •
라다크의 농사일	
3. 사유재산 공유 • • •	4. 삭티 마을의 에피소드 • • •

| 주제와 개요 작성 |

●작문의 절차

흔히 글을 쓰는 일은 집을 짓는 일에 비유되기도 한다. 한 채의 집을 짓기 위해서는 먼저 집을 짓는 동기와 목적이 분명히 해야 하며, 그것에 알맞은 모형들을 참고하여 설계도를 만들고, 이 설계도를 바탕으로 집의 각 부분들을 질서 있게 구축하며, 마무리 작업으로서 건물 전체를 다듬는 손질을 하여야 한다. 한 편의 글이 만들어지는 과정이 이와 같이 판에 박힌 공정과 꼭 같은 수는 없겠지만 그와 유사하다는 점은 분명하다.

작문의 절차는 일반적으로 5 단계를 거친다. 한 편의 글을 쓰기 위해서는 무엇보다 먼저 자신이 쓰고자 하는 핵심적인 생각, 즉 주제가 정해져야 한다. 그리고 주제의 내용을 전개하거나 뒷받침하는 데 필요한 자료, 즉 제재를 수집하여 정리해야 한다. 이어서 글의 전체적인 짜임새를 머리 속으로 궁리하고 정리하는 개요 작성을 해야 한다. 개요가 작성되면 집필의 단계에 들어가고, 마지막으로 집필한 내용에 대해 검토?수정하는 퇴고의 작업을 해야 한다. 이러한 다섯 단계의 과정을 다시 정리해 보면 다음과 같다.

① 주제 설정 → ② 제재 마련 → ③ 개요 작성 → ④ 집필 → ⑤ 퇴고

물론 모든 글쓰기의 절차가 반드시 위의 과정과 같다는 것은 아니다. 글쓰기는 각자 편한 방법이나 절차에 따라 자유롭게 이뤄질 수도 있다. 글을 쓰는 상황이 다양하고 글을 쓰는 사람의 취향이 다르기 때문이다. 글을 쓰는 상황과 개인의 취향에 따라 일반적인 절차의 한 단계를 생략하거나 간략하게 한다든가, 각 단계의 순서를 다소 다르게 한다든가 또는 하나의 단계를 더 보탤 수도 있다. 그리고 글의 종류에 따라 차이가 날 수도 있다. 비교적 짧은 글을 쓰는 경우는 위와 같이 할 수 있지만, 한 편의 긴 논문을 쓸 때는 구상 및 개요(목차)에서 지속적인 수정을 거치게 된다.

그리하여 비교적 복잡한 주제이거나 긴 글의 경우, 주제를 설정하고 나서 바로 자신의 글의 짜임새를 가설적으로 한번 짜 보고, 그것에 따라 필요한 자료를 수집하는 것이 편리할 때가 많다. 즉, 예비 개요를 작성해 보면, 어떤 내용과 성격의 자료가 필요한 것인지를 알 수 있고, 자료 수집을 좀 더 구체적으로 진행할 수 있게 됨은 쉽게 경험할 수 있다. 그리고 자료를 모아서 정리해 보면, 기존의 예비 개요를 수정할 필요성이 생길 수도 있다. 자료의 수집?정리를 통해 필자 자신의 인식의 폭과 깊이가 확대?심화되기 때문이다. 이 경우 위 절차를 다음과 같이 수정할 수도 있다.

① 주제 설정 → ② 예비 개요 작성 → ③ 제재 마련 → ④ 본개요 작성 → ⑤ 집필 → ⑥ 퇴고

그러나 아무리 글을 쓰는 상황과 글의 종류가 다양하다고 하더라도, 결국은 글을 쓰는

기본 절차의 수많은 변형일 수밖에 없다.

이상과 같은 작문의 여러 단계 중에서, 작문의 초보자들이 반드시 그 중요성을 명심하고 훈련해 두어야 하는 단계가 '주제 설정'과 '개요 작성'이다.

어떤 문제에 대해 의무적으로 글을 써야 하는 경우, 대부분의 초보자들은 자신의 확실한 생각을 정리하지 않은 상태에서 바로 집필에 들어가는 경우가 많다. 그러면 좋은 글을 쓰는 것은 불가능해진다. 대부분의 시간을 집필의 시간이 아닌 망설임의 시간으로 보내게 되고, 연필을 쥐고 또는 컴퓨터 앞에 앉아 우두커니 허공만 바라보게 되는 것이다. 좋은 글을 쓰기 위해서는 해당 문제에 대해 자신이 하고자 하는 이야기의 핵심적 내용을 가다듬어 놓는 것이 우선적으로 필요하다. 그것은 참주제를 설정하고 주제문의 작성하는 것으로 구체화되는데, 주제문을 작성한다는 것은 자신이 표현하고자 하는 핵심적 내용을 정리한다는 뜻이다.

개요 작성도 중요하다. 글을 써 본 경험이 적은 사람일수록, 자신이 쓸 내용들과 그 짜임새에 대해 일정한 체계로 정리하고 메모해 두지 않으면, 옆길로 새거나 특정한 내용을 빠뜨리거나 중복되게 하는 등의 실수를 범하기 쉽다. 자신도 의식하지 못하는 상황에서 엉뚱한 내용이 삽입되기도 한다. 따라서 여기서는 '주제 설정'과 '개요 작성' 과정을 중점적으로 살펴보기로 한다.

●주제 설정

글을 쓰려고 하는 사람이 제일 먼저 해야 할 일은 '무엇을 쓸 것인가'를 결정하는 것인데, 이 '무엇'에 해당하는 것이 곧 **주제(主題)**이다. 글을 쓰려면 반드시 명확한 주제를 갖고 있어야 한다. 주제는 글의 중심적인 내용, 혹은 필자가 말하고자 하는 핵심적인 내용을 뜻하는 것이 보통이다. 이런 뜻에서 주제란 말 대신에 '중심 사상'이란 말을 쓰기도 한다. 그런데 이 주제는 **제재(題材)**와는 별개의 것이다. 제재는 주제의 재료라는 뜻이다. 주제가 글의 중심 사상이라면 제재는 글의 소재이다. 사랑에 대해 글을 쓸 때, 이 주제를 구체화하기 위해 등장하는 청춘 남녀라든가, 이성이라든가 예수나 석가, 성춘향의 이야기 같은 것들, 즉 주제를 드러내는 데 필요한 재료가 바로 제재이다.

주제가 명확할수록 글을 잘 쓸 수 있다. 그렇게 하기 위해서는 주제를 한정할 필요가 있다. 단순히 알고 있거나 흥미를 가지고 있는 막연한 주제를 명확한 주제로 좁혀 결정해야 하는데, 그러한 막연한 주제를 가주제라 하고, 한정된 명확한 주제를 참주제라 하여 구분한다. 크고 불명확한 가주제를 그 일부분인 작은 문제로 한정하여 참주제로 만들지 않고서는 생생하고 구체적인 말로 표현할 수가 없다. 예를 들어, '우리나라의 산' 에 대해 글을 쓴다고 한다면, 이는 너무 막연하고 광범위하여 가주제라 할 수밖에 없다. 그것과 관련된 경험을 세분하여 그 가운데서 '우리나라 산의 인상적 자태' 와 같은 좀 더 구체적인 내용으로 한정하면 참주제가 될 것이다. 그러나 가주제 또는 참주제는 정도성의 문제여서 그것을 구분하는 명확한 기준이 있을 수는 없다. '우리나라 산의 인상적 자태' 와 같은 내용도 적은 분량의 글을 염두에 둔 경우라면 가주제의 수준에서 벗어날 수 없는 내용이다.

잘 한정된 참주제라 하더라도 그것만으로 충분한 것은 아니다. 예를 들어 우리나라 산의 인상적 자태에 대해서는 여러 가지로 말할 수 있다. 그러므로 그것과 관련하여 자신이 말하고자 하는 핵심적 내용을 하나의 문장으로 구체화하는 것이 필요하다. 이를테면 '우리나라의 산은 각각 뚜렷한 개성을 품고 있다' 는 식으로 하나의 문장으로 나타내는 것이다. 이것이 곧 주제문인데, 주제문은 주제 즉, 참주제에 대해 서술된 하나의 명제이다. 이렇게 주제문을 써 보아야만, 필자는 자기의 주제를 명확하게 자각하면서 글을 잘 쓸 수 있게 된다.

주제를 구체화하기 위해서는 이야기 거리가 있어야 한다. 이것이 바로 제재 또는 자료이다. 주제를 구체적으로 드러낼 수 있는, 또는 그것을 증명해 보일 수 있는 이야기 거리를 수집하여 필자의 의도에 맞게 정리하고 배열해야 내용이 풍부하면서 설득력 있는 글을 쓸 수 있다. 그러기 위해, 제재는 (1) 풍부하고 다양하며, (2) 확실하고, (3) 주제를 뒷받침할 수 있으며, (4) 관심을 모을 수 있는 것이어야 한다.

●주제 설정 과제

❶ 다음 예와 같이 가주제를 한정하여 참주제로 만들고, 적당한 주제문을 작성해 보라.

(예)

[가주제 ↔ 참주제] : [환경 ↔ 환경의 파괴 ↔ 환경 파괴의 원인]

[주제문] : 무분별한 개발 논리 때문에 환경이 파괴된다

①

[가주제 ↔ 참주제] : [라다크 ↔ 전통적인 공동체 문화 ↔ (　　　　　　)]

[주제문] :

②

[가주제 ↔ 참주제] : [라다크의 변화 ↔ (　　　　) ↔ (　　　　)]

[주제문] :

❷ 다음 항목을 가주제로 보고, 참주제와 주제문을 작성해 보라.

① 공동체 문화

② 라다크

③ 동화『강아지 똥』

●구상의 원리

주제가 결정되고 그것에 따른 자료(제재)의 수집과 정리가 끝난 다음에는 어떤 순서와 내용으로 글을 엮어 나갈 것인가에 대해 궁리해야 하는데, 이것이 곧 구상(構想)이다. 구상 과정에서는 ① 통일성(unity) ② 긴밀성(coherence) ③ 강조성(emphasis)의 세 가지 원리를 염두에 두어야 한다.

통일성의 원리는 글의 처음부터 끝까지가 주제에서 벗어나지 않는 내용이 되도록 해야 한다는 것이다. 성실한 자료 수집으로 다양한 제재들을 이용하게 되면 풍부한 느낌의 글이 될 것이다. 그러나 일부의 내용이라도 그 글의 주제에서 벗어난다면 글의 긴장도가 떨어져서 산만해 보일 것이고, 필자의 의도가 잘못 전달될 수도 있을 것이다.

하나의 문단은 하나의 소세계로 비유할 수 있거니와, 문단은 그야말로 하나의 소주제문으로 집약되는 독립적인 세계다. 여러 문장이 모여 문단을 이룰 때, 각 문장들이 하나의 소주제문으로 집중될 수 있을 때, 통일성 있는 문단이 된다. 통일성이 없으면, 문단이라고 말할 수 없다.

긴밀성의 원리란 선택된 자료들을 순리적이면서도 긴밀하게 연결하여 주제를 잘 드러내도록 하는 것이다. 문제의 자료들이 주어진 주제와 일정한 관련성을 가져야 한다는 것이 통일성의 원리라면, 긴밀성의 원리는 그러한 자료들을 논리적으로 전개하고 조직하는 방법을 일컫는 것이다.

이 긴밀성은 역시 한 문단 안에서도 필요하고 각 문단들을 연결하여 한 편의 글을 이루는 데도 필요하다. 가장 흔한 방법은 연결어를 적절하게 사용하거나 앞 뒤의 긴밀한 관계를 맺어주는 낱말을 쓰는 것이다. (글에서 '그리고', '그러나'와 같은 연결어를 빼 보라. 뭔가 윤활유가 빠진 듯 매끄럽지가 못할 것이다.) 그리고 나아가서는 적절한 낱말의 반복이나 대조, 조사와 어미의 효과적인 사용 등을 통해서도 이루어진다. (적절한 낱말의 반복이나 대조는 통일성에도 기여하지만 그 규칙적인 흐름을 인식시켜주는 표지이기도 하다.) 그야말로 한 편의 글이 논리적으로 매끄럽게 흘러가고 있다는 것을 느낄 수 있도록 다양한 방법을 사용하는 것이다.

끝으로, **강조성의 원리**는 글의 주제를 강도 있게 드러내도록 하는 것이다. 자료의 선택이나 배열의 과정에서 주제와 더 밀접한 제재에 대해서는 양적으로나 질적으로 큰 비중을 두어 다룸으로써 주제를 더욱 돋보이게 드러내고자 하는 것이다. 이는 주제를 쉽게 파악하도록 하는 것이기도 하면서 아울러 글의 단조로움을 피하는 방법이기도 하다. (적절한 강조가 있는 말과 그렇지 않은 단조로운 말의 차이를 생각해 보라.)

●개요 작성

구상이 다 되었다고 하여 바로 글을 쓸 수 있는 것은 아니다. 글을 많이 써 본 사람이 적은 분량의 글을 쓰고자 하는 경우에는, 머리 속에서 궁리한 내용을 토대로 바로 집필에 들어갈 수도 있다. 그러나 대부분의 경우 그것은 어려운 일이다. 처음에 구상하였던 것을 잊어버려 글이 중간에서 막힌다거나, 순간적으로 떠오르는 생각에 의해 글의 방향이 바뀌어 일관성을 잃게 되는 경우가 생길 것이다. 이러한 실수를 막기 위해 구상의 내용을 도식화하여 글의 전체 구조를 한 눈에 볼 수 있도록 메모해 놓아야 한다. 글의 주제를 정점으로 하여 각각의 하위 내용들이 어떠한 짜임새로 형성되어야 할 것인가를 보여주는 설계도를 작성하는 것이다. 이것이 바로 개요(outline)이다.

●개요 작성 과제

❶ 다음과 같은 제목과 주제문에 적절한 개요를 작성해 보라.

[제　목] : 산업화의 명암

[주제문] : 산업화는 한국인의 생활에 긍정적 기능도 하고 부정적 기능도 한다.

1. 도입부
2. 산업화의 (　　　　)
    1) 사회경제적 측면
        (1) 경제적 성장
        (2) (　　　　)
    2) (　) 측면
3. 산업화의 (　　　　)
    1) 사회경제적 측면
        (1) 개발 만능의 사회의식
        (2) (　　　　)
    2)(　)면
        (1) 공동체 문화의 파괴
        (2) (　　　　)
4. 마무리

❷ 다음 주제문에 알맞은 개요를 작성하되, 도입부와 마무리 부분을 제외하고 주요 논점과 종속 논점 및 세목이 각각 2 개 이상 되도록 하라.

[주제문] 라다크의 전통적 생활방식에서 생태적 지혜와 철학을 배운다.

| 토론하기 |

●제시문을 읽고 토론 거리를 찾아 함께 토론해 보자.

[제시문 1]

연구를 진행하는 동안 나의 최대 관심사는 라다크의 언어였지만 그 와중에 나는 라다크 사람들과 그들의 가치관 그리고 그들이 세상을 바라보는 시각에 점점 더 끌리게 되었다. 왜 이 사람들은 언제나 웃고 있는 걸까? 이 사람들은 어떻게 자신들에게 그토록 적대적이고 혹독한 환경 속에서 그렇게 편안하게 살 수 있는 걸까?

- 헬레나호르베리 호지, 양희승옮김, 『오래된미래』, 중앙북스, 59쪽

토론 1 라다크 사람들이 어려운 자연 환경과 생활 조건 속에서도 항상 미소를 짓는 이유는 무엇인가?

[제시문 2]

라다크 사람들은 또 손으로 짠 옷들을 더 이상 기워 입을 수 없을 때까지 기워 입는다. 추운 겨울에는 옷을 두세 벌쯤 껴입는 게 보통인데 특별한 행사 때 입을 제일 좋은 옷은 가장 안쪽에 입는다. 완전히 낡아 더 이상 바느질을 할 수 없게 된 옷들은 진흙과 함께 뭉쳐서 수로의 취약한 부분에 끼워 물이 새는 것을 막는 데 쓴다.

라다크에서는 또 관목이나 풀 등 야생에서 자라는 모든 종류의 식물들을 모아 실생활에 활용한다. 그것이 자라나는 곳이 전답의 주변이든 산속이든 상관없이 모든 식물은 그 나름 대로의 용도로 사용되는 것이다. '버르체burtse' 는 연료와 가축 사료로 쓰이고 '야그자스yagdzos' 는 지붕을 만드는 데 쓰인다. 또 가시가 많은 '체르망tsermang' 으로는 동물들이 밭을 망치는 것을 막기 위해 세우는 울타리를 만든다. '데목demok' 은 빨간색 염료로 쓰이고 다른 것들은 약용이나 식용, 혹은 향료나 바구니를 만들기 위해 쓰인다.

외양간에 있는 흙은 비료로 쓰인다. 결과적으로 가축의 분뇨마저도 재활용이 되는 것이다. 가축의 배설물은 외양간이나 우리뿐만이 아니라 방목지의 초원에서도 주워 모은다. 또 사람의 배설물까지도 그냥 버리는 일이 없다. 라다크의 가정에서는 수직으로 된 수로 위쪽으로 1층 높이의 재래식 화장실이 있는데, 화장실에

서 모은 배설물에 흙과 화로에서 나온 재를 섞으면 악취가 제거되고 화학적 분해가 활발해져 아주 좋은 퇴비가 만들어진다. 그렇게 해서 만들어진 퇴비를 1년에 한 번씩 수거하여 비료로 활용하는 것이다.

라다크 사람들은 그런 식으로 아주 오랜 세월 모든 것을 재활용해왔다. 말 그래도 아무것도 그냥 버려지지 않는 것이다. 그렇게 열악한 자원만을 가지고 라다크의 농부들은 거의 완벽한 자립을 이룰 수 있었다. 외부세계에 의존하는 것이라고는 소금과 차 그리고 요리기구나 공구 같은 몇 가지 금속 제품들뿐이다.

- 헬레너호르베리 호지, 양희승옮김, 『오래된미래』, 중앙북스, 75-76쪽

토론 1 라다크의 전통적인 삶의 방식을 '순환적인 자립'이라 부를 수 있다. 자연의 순환 방식을 생활의 방식으로 받아들인 라다크인의 삶의 방식에 대해 함께 토론해보자.

토론 2 우리의 전통적인 생활 방식 또한 자연 친화적인 것이었다. 우리네 전통생활 중에서 자연 친화적 생활 방식에 대해 알아보자.

토론 3 동화『강아지 똥』(권정생 작)은 더럽고 하찮은 '강아지 똥'에서 어떻게 생명이 탄생하는지를 감동적으로 그리고 있다. 『강아지 똥』을 읽고 자연 순환 속에서 생명의 의미를 다시한번 생각해 보자.

[제시문 3]

라다크에서 개발 계획이 진행되는 과정을 보면 돈과 기술 가운데 어느 것이 과연 그 변화의 보다 근본적인 원인이 되는지를 구분하기가 어려워진다. 그러나 분명한 것은 그 두 가지는 서로 밀접하게 연결되어 있으며 사회의 구조 변화에 기초를 이루고 있다는 사실이다. 아직까지 라다크 내에서 기술 수준의 변화가 광범위하게 이루어진 것은 아니지만 현재의 추세가 계속된다면 머지않아 그런 시점에 이를 것으로 보인다. 그리고 지금까지 나타난 변화들만으로도 서구식 기술 개발의 부작용을 설명하기에는 충분하다고 생각된다. 하나의 예가 되는 것은 최근 레에 세워진 디젤엔진구동식 제분공장이다. 이곳에서는 예전 수력을 이용하던 방앗간에 비해 몇 배나 더 빠른 속도로 곡식을 빻지만 농부들은 그곳까지 곡식을 가져오기 위해 먼 길을 이동해야 하고 제분 비용을 지불해야 한다. 또 작업의 속도를 올리는 과정에서 열이 발생하는데 그로 인해 곡물의 영양가는 감소되기 마련이다. 게다가 이 공장은 오염된 가스를 공기 중에 내뿜기도 한다.

- 헬레너호르베리 호지, 양희승옮김, 『오래된미래』, 중앙북스, 203-204쪽

토론 1 개발이 야기하는 다양한 문제를 생각해 보자.

토론 2 대량 소비의 시대이다. 일상생활 속 우리들의 소비 방식에 대해 이야기해 보자.

| 글쓰기 |

• 최근의 전 지구적인 이상 기후 현상은 지구 생태가 얼마나 위험한 상황에 있는지를 보여주는 증거이다. 이 위기를 극복하기 위해서 무엇이 가장 필요한지 각자의 생각을 글로 써 보자.

●함께 읽기 좋은 자료

슈마허, 『작은 것이 아름답다』
이반 일리히, 『성장을 멈춰라』, 『학교 없는 사회』
김종철 엮음, 『녹색평론』(녹색평론사, 격월간)
김종철 엮음, 『녹색평론선집1, 2, 3』(녹색평론사, 2009)
KBS다큐멘터리, 『차마고도』 등

3 『멋진 신세계』를 읽고 쓰다

| 학습 목표 |

- 작품 읽기를 통해 주제를 파악하고 인물과 사건의 전개를 자신의 언어로 표현한다.
- 토론을 통하여 작품의 심층적 의미를 찾고 그것의 현재적 의의를 생각해 본다.
- 글쓰기를 통해 문단의 중요성을 이해하고 문단의 전개 과정을 익힌다.

| 해제와 저자 소개 |

●해제

『멋진 신세계』(1932)에는 발달한 과학문명 즉, 기계 문명에 의해 만들어진, 말 그대로 멋진 신세계가 등장한다. 그것은 사회적 안정과 개인의 행복을 철저하게 보장하는 유토피아이다. 그 안에서 사람들은 모두 행복해 한다. 그렇다면 무엇이 문제인가? 사람이 살아가는 데 안정과 행복 그밖에 무엇이 더 필요할까? 문제의 핵심은 타인에 의해 인위적으로 만들어진 행복과 안정이 우리가 진정으로 원하는 것이냐이다. 다시 말해 '진정한 자아를 희생한 대가로 얻은 안정과 행복이' 혹은 '자유로부터 도피하여 얻은 안정과 행복이' 우리가 진정으로 원하는 것이냐이다. 헉슬리는 작품 속 세 인물을 통해 이 물음에 대답한다. 첫째 인물이 버나드다. 그는 "다른 방법으로 행복할 수 있는 자유를 원하지 않습니까? 예컨대 당신 자신만의 방법으로 말입니다. 타인들과 같은 방법이 아닌 방법으로 말입니다."라고 말하며 진정한 자유를 통한 행복을 추구하는 인물이다. 둘째 인물은 감정공학대학(창작과) 강사인 왓슨이다. 그는 "아무 내용도 없는 것에 관해 무엇을 쓸 수 있단 말인가?"라고 질문하며 진정 자기 내면의 목소리를 표현하고자 하는 인물이다. 셋째 인물은 신세계의 외곽 보호구역에서 태어나고 자란 야만인 세비지이다. 소설의 마지막에서 그는 신세계의 총통에게 '아니오.'라고 당당하게 말한다. "저는 불편한 것을 좋아합니다. 저는 안락을 원하지 않습니다. 저는 신을 원합니다. 시와 진정한 위험과 자유와 선을 원합니다. 저는 죄를 원합니다."라고 외친다. 그리고 존은 저는 불행해질 권리를 요구합니다. 저는 그 모든 것을 요구합니다."라고 말한다. 이 장면은 헉슬리가 이 작품 전체를 통해 하고 싶은 말이 무엇인지를 잘 보여준다. 인간에게는 행복과 안전보다 더 중요한 것이 자유라는 것이다. 설사 불안과 불행을 감내해야 한다 하더라도 자신의 진정한 자아를 위해 자유로부터 도피하지 않고 현실을 용감히 직시하며 자신의 삶을 스스로 선택하고 실행해야 한다는 것이다. 한편 이 작품이 현대 기계 문명의 심각한 위험성을 지적하고 있다는 점에서 문명론적 가치를 다시 한번 생각해 보아야 할 것이다.

●**저자** : 올더스 헉슬리(Aldous Leonard Huxley)

올더스 헉슬리[Aldous Leonard Huxley, 1894~1963]는 『연애대위법(戀愛對位法)』(1928)을 필두로 일찍부터 우리나라에 알려진 영국의 소설가이자 평론가이다. 헉슬리 아버지는 차터하우스학교 부교장이었고, 조부는 저명한 동물학자 T.H.헉슬리이다. 시인·문예비평가인 M.아놀드, 종교와 사회문제를 대담한 소설로 묘사한 햄프리 워드 부인은 그 외척이고, 생물학자 J.S.헉슬리는 그의 형이다. 이러한 지적(知的) 환경 속에 태어난 그는 이튼학교를 졸업한 뒤 옥스퍼드대학에서 영문학을 배웠다. 이튼 시절에 거의 실명(失明)에 가까운 안질을 앓은 탓으로 당초에 마음먹었던 의학도의 길은 포기하였다. 1916년 시집 『불타는 수레바퀴』를 출판한 이래 몇 권의 시집도 냈으나, 그가 소설가로 일생을 보내기로 결심한 것은 소설 『크롬 옐로』(1921)가 인정을 받게 된 후부터였다. 이후 『어릿광대의 춤』(1923), 『하찮은 이야기』(1925), 『연애대위법(戀愛對位法)』(1928) 등의 작품을 통해 그는 20세기를 대표하는 작가가 되었다. 『멋진 신세계』(1932)를 기점으로 풍자소설가였던 그는 도덕론자로 전환하여 파괴적 회의주의자로부터 건설적 도덕가로 변신해 갔다. 『가자에서 눈이 멀어』(1936)를 후기 도덕가적 경향을 띤 최초의 작품으로 본다면, 이 『멋진 신세계』(1932)는 이 작가의 전기와 후기를 잇는 가교적이고 과도기적 성격을 띤 작품이다.

| 읽고 생각하기 |

독서 노트

요약 · 정리하기

❶ 『멋진 신세계』에 등장하는 인물들의 유형과 성격 등을 정리하시오.

등장인물	인물의 성격	작품 내 인상적인 내용이나 장면

❷ 각 인물들 간의 관계를 중심으로 갈등(공생)의 원인, 결과 그리고 의미에 대해서 정리해 보자.

인물 간의 관계	갈등(공생)의 원인	갈등(공생)의 결과	유토피아의 관점에서 본 갈등(공생)의 의미

❸ '기계 문명' 과 관련하여 작가 헉슬리가 우리에게 던진 메시지는 무엇인지 350자 이내로 정리해 보자.

| 문단 구성하기 |

●문단과 소주제

개요가 완성되면 그것을 바탕으로 삼아 집필에 들어간다. 집필한다는 것은 자신의 생각을 문장으로 표현하고, 그러한 문장들을 긴밀하게 연결해 나가는 과정이다. 하나 이상의 문장이 하나의 문단이 되고, 하나 이상의 문단이 한 편의 온전한 글이 된다. 글 쓰는 사람의 생각을 설득력 있게 드러내는 최소의 단위가 문단이라는 관점에 서면, 문단 층위에서의 글쓰기 연습은 매우 중요하다. 문단 형성이 제대로 이루어져 있지 않은 글은 한마디로 기본이 안 되어 있는 글이라 하여도 과언이 아니다.

형식적으로 문단은 그것이 시작됨을 표시하는 방법이 정해져 있다. 문단은 '들여쓰기'와 '행 바꿈'의 형식적 특징으로 확인된다고 할 수 있다. 또한 내용적으로 보면, 하나의 문단에는 하나의 중심 생각이 들어 있다. 이러한 중심 생각을 소주제(또는 화제)라고 한다. 새로운 문단의 시작은 새로운 소주제로 이야기가 바뀜을 의미한다. 하나의 문단에 두 가지 중심 생각이 들어 있거나, 하나의 중심 생각이 둘 이상의 문단으로 나누어져 기술되면 좋은 글이 될 수 없다.

●문단의 전개

문단은 그 자체로서 한 편의 온전한 글이 되는 경우도 있다. 그러나 일반적으로 문단의 중심 생각인 소주제는 보다 상위에 위치하는 글 전체의 중심 사상인 주제의 하위 항목이 된다는 점에서, 그러한 주제와의 관계를 고려하여 그것을 뒷받침할 수 있는 내용으로 설정되어야 한다.

주제와 소주제의 관계는 한 문단 내에서 소주제와 나머지 문장들과의 관계와 유사하다. 한 편의 글에서 여러 개의 소주제가 모여 하나의 주제를 뒷받침하듯이, 하나의 문단에서는 여러 개의 문장이 모여 하나의 소주제를 뒷받침한다. 그러므로 각각의 문장이 소주제를 뒷받침하지 않는다면 제대로 된 문단이라고 할 수 없다.

문단의 중심 생각을 하나의 문장으로 표현한 것을 '소주제문'이라고 한다. 그러므로 하나의 문단은 소주제문을 중심으로 그 소주제문의 내용을 뒷받침하는 얼마간의 문장으로 이뤄진다고 할 수 있다. 문단을 나무에 비유한다면 소주제문은 나무의 근간이 되는 줄기에 해당하는 것이다.

문단을 전개하는 방법에는 기본적으로 두 가지가 있다. 소주제문의 내용을 구체화하는 방법이 그 하나이고, 둘째는 소주제문의 내용을 합리화시키는 방법이다.

구체화하기	추상적 서술 구체화하기	소주제문은 뒷받침 문장을 포괄하는 추상적인 내용을 담고 있는 경우가 많다. 이에 관한 좀더 구체적이고 개별적인 내용을 기술한다.
	알기 쉽게 풀어 설명하기	소주제문을 알기 쉽게 풀어서 설명한다. '다시 말하면, 즉, …' 등의 접속 어구를 내세우거나, 첫째, 둘째, 셋째, 넷째 등의 말을 내세우는 경우가 많다.
	전형적인 예 보여주기	실제로 일어난 사례나 주변에서 보고 들은 내용을 예로 제시한다. '가령, 예를 들면, 예컨대, 이를테면' 등의 접속 어구를 내세우는 경우가 많다.
합리화하기	이유나 원인을 제시함으로써 소주제문을 합리화하는 방법이다. 원인이나 이유를 나타내는 부분에는 '왜냐 하면, 그 까닭/이유/원인은' 등의 어구를, 결과를 나타내는 부분에는 '그러므로, 그리하여, 그래서, 그 결과' 등의 어구를 사용하는 경우가 많다.	

❶ 다음의 추상적인 서술을 각각 네 개 이상의 구체적인 서술로 바꾸어 보라.

① 기술문명은 우리들의 삶을 풍요롭게 만들었다.

② 기술문명으로 인해 인간의 진정한 가치를 잃어버렸다.

③ 우리는 자유로운 개인으로 살아가는 어려운 시대를 살고 있다.

❷ 다음 소주제문을 문두에 놓고 지시된 방법에 따라 하나의 문단을 완성해 보라.

①『멋진 신세계』에서 작가는 작품 속 세 인물을 통해 자유의 진정한 의미를 강조하고 있다.(→구체화→예시)

② 자유로운 삶을 살기 위해서는 현실의 안락과 기술 편의적 생각을 극복해야 한다.(→합리화)

| 토론하기 |

●다음 제시문을 읽고, 토론해 보자.

[제시문 1]

"보카노프스키 법" 하고 소장은 반복했다. 그러자 견습생들은 그들의 작은 노트 속에 적힌 그 단어에 밑줄을 그었다.

한 개의 난자로부터 하나의 태아가 나오고 거기서 한 사람의 성인이 생긴다. 이것을 정상이라 한다. 그러나 보카노프스키 법으로 처리된 알은 싹이 나고 증식해서 분열한다. 8에서 96개의 싹을 틔우며 그 한 개 한 개가 성장하여 완전한 형태를 지닌 태아가 되고 각각의 태아는 완전한 크기의 성인이 된다. 전에는 한 인간이 자라던 곳에서 96명이 자라도록 한다. 이거야말로 진보가 아니고 무엇인가!

"본질적으로 보카노프스키 법이란 일련의 성장억제조치로 구성된 것입니다. 정상적인 성장을 억제할 때 알들은 그것에 대응하여 발아현상을 일으킨다는 말입니다. 정말 역설적인 현상입니다." 하고 소장은 결론내렸다.

(이것에 대응하여 발아현상을 일으킨다)- 견습생들의 연필은 바삐 달렸다.

소장은 지적했다. 매우 서서히 움직이는 컨베이어 위에 놓인 시험관이 가득한 선반이 큼직한 금속 상자 속으로 들어가고 또 하나의 시험관이 담긴 선반은 거기에서 나오고 있었다. 기계는 부드러운 소리로 울고 있었다. 시험관들이 그곳을 통과하는 데는 8분이 걸린다고 그가 설명했다. 강력한 X레이를 8분간 견딘다는 것은 난자가 감당할 수 없는 극한치라는 것이다. 그 중에는 사멸하는 난자도 있다.

생존한 것들 중에서 가장 반응이 약한 난자는 2개로 분열하지만 대개는 4개의 싹을 내민다. 어떤 것은 8개의 싹을 내민다. 다시 모든 것은 부화기로 환원된다. 거기서 싹은 자라기 시작한다. 그러다가 이틀 후에는 급격히 냉각시킨다. 냉각시켜 발육을 억제시키는 것이다. 그 각각의 싹은 2, 4, 8개로 발아된다. 발아가 끝나면 사멸할 정도까지 알코올에 담근다. 거기서 다시 싹을 내미는데, 그 발아 과정이 끝나면 이 세 번째 싹은 더 이상 발육을 억제하면 치명적이기 때문에 그냥 평화롭게 발육하도록 방치된다. 이 시점에 이르면 최초의 난자는 8에서 96개의 태아가 될 가능성이 있는 것이다. 이것이야말로 자연에 가해진 놀라운 개선이라는 점에서 이론이 있을 수 없을 것이다. 난자가 때로 우연한 분열을 일으키던 모태시대에서 보았던 보잘것없는 쌍둥이나 세쌍둥이가 아니라 훌륭하고 똑같은 쌍둥이가 나오는 것이다. 그것도 한 번에 몇 다스씩, 아니 몇 십 쌍씩 나오는 것이다.

"몇 십 쌍!"

소장은 그 어휘를 반복하고 마치 기분 좋게 선심을 쓰듯 그의 팔을 앞으로 뻗었다.

"몇 십 쌍씩 나오는 것입니다."

그러나 한 견습생이 "그렇게 되면 무슨 이익이 있습니까?" 하고 바보 같은 질문을 던졌다.

"이건 놀랄 일이로군!"

소장은 그 학생 쪽으로 몸을 급히 돌렸다.

"자넨 그것을 모르겠나? 그걸 정말 모르겠나?"

그는 한 손을 올렸다. 그의 표정은 엄숙했다.

"보카노프스키 법은 사회안전의 중요한 수단의 하나야!"

사회안정의 중요한 수단의 하나.

표준형 남녀, 균등한 집단, 보카노프스키 과정을 거친 한 개의 난자로부터 태어난 인간으로 충원된 작은 공장.

"아흔여섯 명의 일란성 쌍생아들이 아흔여섯 개의 동일한 기계를 조작하는 거다!"

- 올더스 헉슬리, 이덕형 옮김, 『멋진 신세계』, 문예출판사

토론 1 위 제시문에 묘사된 '보카노프스키 과정'과 연관 지어 '배아복제'에 대한 찬성과 반대의 입장 중 하나의 관점을 택해 자신의 입장을 조원들에게 이야기해 보자.

[제시문 2]

"자 봐요!" 그는 명령하듯 말했다.

"무서워요." 레니나는 창문으로부터 몸을 움츠리며 말했다. 다가오는 허허로운 밤이 무서웠고 아래에서 고개를 치켜드는 검은 파도와 그 파도에 박힌 흰 거품 얼룩이 무서웠고 서둘러 지나가는 구름 사이에서 핼쑥해지고 정신을 잃은 달의 창백한 얼굴이 무서웠다.

"우리 라디오를 틀어요. 빨리!"

그녀는 조종석 앞에 있는 다이얼로 손을 뻗더니 아무렇게나 틀었다.

"……너의 내부에서는 푸른 하늘." 16명의 떨리는 목소리가 노래하고 있었다.

"날씨는 언제나……."

다음 순간 딸꾹질 소리가 들리더니 잠잠해졌다. 버나드가 스위치를 꺼버린 것이다.

"나는 조용히 바다를 보고 싶습니다. 그런 추악한 잡음이 시끄럽게 울리면 바다를 바라볼 수 없습니다."

"하지만 멋진 음악 아녜요? 그리고 난 바다가 보고 싶지 않아요."

"난 바다를 보고 싶습니다. 그것을 보고 있으면 마치 ……." 그는 머뭇거리며 자신의 의사를 표현할 어휘를 찾고 있었다. "마치 나 자신 이상이 된 것 같습니다. 무슨 뜻인지 아실지 모르겠습니다만…… 훨씬 더 나다워진 것 같다는 말입니다. 다른 어떤 완전한 것의 일부가 아니라 자신이 독립된 존재가 된 것 같다는 이야깁니다. 레니나, 당신도 그런 기분이 들지 않습니까?"

"무서워요. 무서워요"하고 그녀는 되풀이했다. "사회의 일부가 되기 싫다는 말을 어떻게 하실 수 있지요? 결국 모든 사람은 모든 타인을 위해 일하고 있는 거예요. 어느 한 사람도 없이는 살 수 없는 거예요. 엡실론 계급조차도……."

"그건 그래요." 버나드는 조소하듯 말했다. "엡실론 계급조차도 유용한 존재들입니다. 나도 그렇고요. 그런데 나는 그렇지 않기를 간절히 바라고 있는 겁니다.!"

레니나는 그의 신성 모독적인 말에 충격을 받았다.

"버나드!" 그녀는 놀란 나머지 당황한 음성으로 항의했다. "어떻게 그런 말을 할 수가 있지요!"

버나드는 레니나의 어조와는 다른 어조로 "어떻게 그런 말을?"하고 생각에 잠기면서 반복했다.

"아니, 진정한 문제는 내가 그렇게 될 수 없는 것이 어떤 이유에서인가 하는 것입니다. 아니 그보다-내가 그렇게 될 수 없는 이유는 너무나 잘 알고 있기 때문에-내가 혹시 그럴 수 있다면, 즉 내가 자유롭다면, 조건반사적 교육으로 노예화되지 않았다면 도대체 어떤 것이 되었을까 하는 의문입니다.

"버나드, 당신은 지금 가장 끔찍한 이야기를 하고 있는 거예요."

"레니나, 당신은 자유로워지고 싶지 않으세요?"

"무슨 말을 하시는지 난 모르겠군요. 전 자유로워요. 자유롭게 가장 멋진 시간을 즐기고 있어요. 오늘날에는 모든 사람이 행복해요."

버나드는 웃었다.

"그렇습니다. '오늘날에는 모든 사람이 행복합니다.' 우리는 다섯 살 때 그 문장을 아이들에게 가르칩니다. 하지만 레니나, 다른 방법으로 행복할 수 있는 자유를 원하지 않습니까? 예컨대 당신 자신만의 방법으로 말입니다. 타인들과 같은 방법이 아닌 방법으로 말입니다."

"난 무슨 뜻인지 모르겠어요." 그녀는 반복해서 그 말을 하고 나서 그에게로 고개를 돌리며 "버나드, 돌아가요. 난 이곳이 싫어요." 하고 간곡히 부탁했다.

"나와 함께 있는 것이 싫습니까?"

"알고 계시잖아요. 이 무서운 장소가 싫은 거예요."

"난 이곳이-바다와 달밖에 없는 이곳이면 우리가 더 친밀해질 줄 알았습니다. 군중 속이나 심지어 내 방 안에서보다도 말입니다. 내 말 이해하시겠습니까?"

"전혀 이해하지 못하겠어요." 하고 그녀는 어조를 바꾸어 계속했다. "그렇게 끔찍한 생각이 드는 순간에 왜 당신은 소마를 먹지 않나 모르겠어요. 먹으면 그런 생각을 말끔히 잊어버릴 텐데. 비참한 생각은 가시고 흥겨워질 것 아녜요? 아주 흥겨울 텐데."

- 올더스 헉슬리, 이덕형 옮김, 『멋진 신세계』, 문예출판사

토론 1 레니나와 버나드가 주고받는 대화의 쟁점은 무엇이며 이러한 쟁점이 자신의 내면에서 제기될 때 여러분은 어떠한 선택을 할 것인가? 이에 관해 서로의 의견을 나누어 보자.

[제시문 3]

"하지만 저는 불편한 것을 좋아합니다."

"우리는 그렇지 않아." 총통이 말했다.

"우리는 여건을 안락하게 만들기를 좋아하네."

"하지만 저는 안락을 원치 않습니다. 저는 신을 원합니다. 시와 진정한 위험과 자유와 선을 원합니다. 저는 죄를 원합니다."

"그러니까 자네는 불행해질 권리를 요구하고 있군 그래."

"그렇게 말씀하셔도 좋습니다." 야만인은 반항적으로 말했다.

"불행해질 권리를 요구합니다."

"그렇다면 말할 것도 없이 나이를 먹어 추해지는 권리, 매독과 암에 걸릴 권리,

먹을 것이 떨어지는 권리, 이가 들끓을 권리, 내일 무슨 일이 일어날지 몰라서 끊임없이 불안에 떨 권리, 장티푸스에 걸릴 권리, 온갖 표현할 수 없는 고민에 시달릴 권리도 요구하겠지?"

긴 침묵이 흘렀다.

"저는 그 모든 것을 요구합니다." 야만인이 마침내 입을 열었다.

무스타파 몬드는 어깨를 추슬렀다.

"마음대로 하게" 하고 그가 말했다.

- 올더스 헉슬리, 이덕형 옮김, 『멋진 신세계』, 문예출판사

토론 1 위의 제시문은 야만인과 절대 지배자인 총통이 나눈 대화의 일부이다. 대화에서 야만인은 절대자인 총통을 향해 감히 '아니오' 라고 용기 있게 말한다. 그런데 이처럼 '아니오' 라고 말할 수 있었던 '부정의 힘' 은 도대체 어디에서 나온 것일까? 그 근원을 그의 과거 삶에서 찾아 말해보자.

현대 사회는 과학 기술 문명(기계 문명)에 기초하고 있다. 그런데 과학 기술의 발전이 인간에게 행복을 보장해 주는지에 대해서는 입장에 따라 견해가 다르다. 과학 기술에 대해 긍정적으로 생각하느냐 부정적으로 생각하느냐에 따라 차이가 나기 때문이다. 토론의 진행을 위해 전자를 '과학 기술 낙관론의 입장' 이라 하고 후자를 '과학 기술 비판론의 입장' 이라 명명한다.

*토론주제 : **"과학 기술은 인류를 행복으로 이끈다."**

*토론방법 : 집단 찬반토론 방식

A. 찬성 측 : '과학 기술 낙관론의 입장' (2명이 한 팀 구성)

B. 반대 측 : '과학 기술 비판론의 입장' (2명이 한 팀 구성)

●집단토론 순서

구분	순서	내용	시간
A. 각 측 주장	1	제1토론자 주장	3분
	2	제1토론자 주장	3분
	3	제1토론자 주장	3분
	4	제1토론자 주장	3분
	5	제1토론자 주장	3분
	6	제1토론자 주장	3분
	7	제1토론자 주장	3분
	8	제1토론자 주장	3분
	9	제1토론자 주장	3분
B. 반박	1	제2토론자 질문 혹은 반박	4분
	2	제2토론자 질문 혹은 반박	4분
	3	제2토론자 질문 혹은 반박	4분
	4	제2토론자 질문 혹은 반박	4분
	5	제2토론자 질문 혹은 반박	4분
	6	제2토론자 질문 혹은 반박	4분
	7	제2토론자 질문 혹은 반박	4분
	8	제2토론자 질문 혹은 반박	4분
	9	제2토론자 질문 혹은 반박	4분
C. 마무리	1	제1 혹은 제2토론자 마무리	2분
	2	제1 혹은 제2토론자 마무리	2분
	3	제1 혹은 제2토론자 마무리	2분
	4	제1 혹은 제2토론자 마무리	2분
	5	제1 혹은 제2토론자 마무리	2분
	6	제1 혹은 제2토론자 마무리	2분
	7	제1 혹은 제2토론자 마무리	2분
	8	제1 혹은 제2토론자 마무리	2분
	9	제1 혹은 제2토론자 마무리	2분

A. 이 방식은 영남대 독서토론대회 예선전을 치르기 위해 마련된 것임
B. 이 방식은 집단토론 면접의 형식을 변용한 것임
C. 이 방식에서 토론 참가팀(2명 한 팀)의 수는 토론 환경에 따라 변경될 수 있음

■ 집단토론 채점표(각 팀 30점 만점)

<table>
<tr><td rowspan="2">1팀명:</td><td>제1토론자</td><td></td><td rowspan="2">점수:</td><td>1:</td><td rowspan="2"></td></tr>
<tr><td>제2토론자</td><td></td><td>2:</td></tr>
<tr><td rowspan="2">2팀명:</td><td>제1토론자</td><td></td><td rowspan="2">점수:</td><td>1:</td><td rowspan="2"></td></tr>
<tr><td>제2토론자</td><td></td><td>2:</td></tr>
<tr><td rowspan="2">3팀명:</td><td>제1토론자</td><td></td><td rowspan="2">점수:</td><td>1:</td><td rowspan="2"></td></tr>
<tr><td>제2토론자</td><td></td><td>2:</td></tr>
<tr><td rowspan="2">4팀명:</td><td>제1토론자</td><td></td><td rowspan="2">점수:</td><td>1:</td><td rowspan="2"></td></tr>
<tr><td>제2토론자</td><td></td><td>2:</td></tr>
<tr><td rowspan="2">5팀명:</td><td>제1토론자</td><td></td><td rowspan="2">점수:</td><td>1:</td><td rowspan="2"></td></tr>
<tr><td>제2토론자</td><td></td><td>2:</td></tr>
<tr><td rowspan="2">6팀명:</td><td>제1토론자</td><td></td><td rowspan="2">점수:</td><td>1:</td><td rowspan="2"></td></tr>
<tr><td>제2토론자</td><td></td><td>2:</td></tr>
<tr><td rowspan="2">7팀명:</td><td>제1토론자</td><td></td><td rowspan="2">점수:</td><td>1:</td><td rowspan="2"></td></tr>
<tr><td>제2토론자</td><td></td><td>2:</td></tr>
<tr><td rowspan="2">8팀명:</td><td>제1토론자</td><td></td><td rowspan="2">점수:</td><td>1:</td><td rowspan="2"></td></tr>
<tr><td>제2토론자</td><td></td><td>2:</td></tr>
<tr><td rowspan="2">9팀명:</td><td>제1토론자</td><td></td><td rowspan="2">점수:</td><td>1:</td><td rowspan="2"></td></tr>
<tr><td>제2토론자</td><td></td><td>2:</td></tr>
</table>

토론 순서		점수 (10점 만점)	특이사항
1	제1토론자 주장		
2	제1토론자 주장		
3	제1토론자 주장		
4	제1토론자 주장		
5	제1토론자 주장		
6	제1토론자 주장		
7	제1토론자 주장		
8	제1토론자 주장		
9	제1토론자 주장		
1	제2토론자 질문 혹은 반박		
2	제2토론자 질문 혹은 반박		
3	제2토론자 질문 혹은 반박		
4	제2토론자 질문 혹은 반박		
5	제2토론자 질문 혹은 반박		
6	제2토론자 질문 혹은 반박		

7	제2토론자 질문 혹은 반박		
8	제2토론자 질문 혹은 반박		
9	제2토론자 질문 혹은 반박		
1	제1 혹은 제2토론자 마무리		
2	제1 혹은 제2토론자 마무리		
3	제1 혹은 제2토론자 마무리		
4	제1 혹은 제2토론자 마무리		
5	제1 혹은 제2토론자 마무리		
6	제1 혹은 제2토론자 마무리		
7	제1 혹은 제2토론자 마무리		
8	제1 혹은 제2토론자 마무리		
9	제1 혹은 제2토론자 마무리		

이 채점표는 집단토론 채점을 위해 만든 것임

■ 토론의 내용을 600자 내외로 정리하시오.

| 글쓰기 |

■『멋진 신세계』에서 말하는 '기술 문명'의 문제를 나의 일상이나 주변에서 찾아보고 이에 대한 자신의 견해를 글로 써보자.(300자)

●함께 읽기 좋은 자료

죠지 오웰,『1984년』

예브게니 이바노비치 쟈마찐,『우리들』

에리히 프롬,『자유로부터의 도피』

4 『사기(열전)』을 읽고 쓰다

| 학습목표 |

- 『사기(열전)』의 다양한 인물들의 인생에서 삶의 지혜를 발견하고, 그것이 현대를 사는 우리에게 주는 삶의 지침에 대해 생각해 본다.
- 조별로 열전 각 편을 골라 다양한 쟁점들에 대해 토론을 수행한다.
- 『사기(열전)』의 각 인물에 대해 자신의 생각과 느낌을 덧붙여 논평문을 작성한다.

| 해제와 저자 소개 |

●해제

『사기』는 오제로부터 사마천이 살았던 한무제(漢武帝)에 이르기까지 근 3천년 간의 역사를 기록한 책이다. 총 130권으로 이루어져 있는데, 종이가 발명되기 전 죽간(竹簡, 대나무 판)과 목간(木簡, 나무 판)에다 글자를 새기고 옻칠을 해서 만들었다 한다. 구성상으로 보면, 《본기》, 《서》, 《표》, 《세가》, 《열전》 등 총 5부로 나뉘어져 있다. 《본기》는 역대 제왕들의 흥망성쇠를 기록한 왕조의 역사서로, 오제, 하, 은, 주, 진, 진시황, 항우, 고조, 여태후, 효문, 효경, 효무 등 12본기가 수록되어 있다. 《표》는 역사의 시대 관계를 보다 쉽게 알게 하기 위하여, 별도로 총 10권의 연표를 만든 것인데, 삼대세표, 십이제후연표, 육국표 등이 그것이다. 《서》는 일종의 문화사로 예 · 악의 변화, 음률 · 역법의 개정, 병법, 지리, 제사, 천문을 기록하기 위해 쓴 것으로, 악서, 율서, 역서 등 여덟 부분으로 나뉘어져 있다. 《세가》는 제왕을 보좌하면서도, 지역에서 군주로 백성을 다스린 제후들의 이야기를 기록한 것으로, 오태백, 제태공, 노주공 등 30권이 있다. 《열전》은 재상 · 장군에서부터 시정 협객 · 상인에 이르기까지 200명에 달하는 개성적인 인물들의 굴곡진 인생이 70권에 달해 기록되어 있다.

『사기』는 서양 역사의 아버지라 불리는 헤로도토스의 역사history에 비견되는 동양 최고의 역사적 寶庫라 일컬어진다. 2000년이 지난 지금에도 여전히 많은 사람들에게 읽히고 홍미와 감동을 주는 것은 『사기』가 단순히 역사적 사실의 기록에만 머물지 않고 있음을 말해 준다. 특히 『사기』의 꽃이라 불리는 열전은 더욱 그러하다. 2000년보다 훨씬 전의 인물들을 그리고 있지만 그들은 먼 옛날에만 존재했던 인물형이 아니라, 현대에도 살아 숨쉬며 우리와 교감을 충분히 나눌 수 있는 인물들이다. 여기에 『사기(열전)』의 묘미가 있다 하겠다. 『사기』는 역사 이래 최고의 역저로 손꼽히며 문장에 있어서도 학습의 기본 틀로 인정받아 왔고, 사마천은 역사계의 조물주라는 평까지 받은 바 있다. 노신은 『사기』를 두고 '역사가의 빼어난 노래요, 운율이 없는 이소' 라 극찬했다. 이러한 사정은 우리나라에서도 예외가 아니다. 학문을 하는데 『사기』가 필수 과목이었음은 말할 나위도 없고, 연암 박지원 같은 이는 '행간에 드러난 역사적 사실이나 이야기를 이해할 것이 아니라 사마천이 『사기』를 쓴 본심 즉 사마천의 마음을 읽어야 한다' 고까지 했다. 사마천의 본심을 읽는다는 것은, 그들의 세상을 사는 법을 읽는 것에 다름 아닐 것이다. 『사기』에 담긴 삶의 지혜가 오늘을 사는 우리의 삶의 지혜가 된다는 것이 얼마나 신비로운가. 이것이야말로 2000년이 지난 지금에도 사기를 진정한 동양의 고전으로 우뚝 서게 한 이유라 할 것이다.

●저자 : 사마천

사마천의 생애를 통해 본 집필 동기

『사기』의 원래 이름은 『태사공』서 였다. 사마씨의 조상은 대대로 주 왕조의 기록을 담당해 왔고, 사마천의 아버지인 사마담은 태사공의 자리에 올랐다. 기원전 110년 경 천자

(무제)가 한나라 왕실로서는 처음으로 봉선의 의식을 거행했는데, 태사공 담은 낙양에 있어 이 의식에 참석하지 못하였다. 이 때문에 분한 나머지 병석에 들게 되었고 사마담은 아들인 사마천의 손을 잡고 눈물을 흘리며 말했다.

> "우리 조상은 주나라 왕실의 태사였다. 일찍이 아주 먼 옛날 우 임금과 하 임금에게서 공명을 드러낸 이래로 천문에 관한 일을 주관해 왔다. 후세로 내려오면서 중도에 괴락하더니 나에게서 끊어지고 마는 것인가? 너는 다시 태사가 되어 우리 조상이 하던 일을 이어야 한다. 지금 천자께서 천 년의 대통을 이어받아 태산에서 봉선 의식을 거행하고 있는데도 내가 따라가지 못한 것은 분명 천명이로다! 천명이로다! 내가 죽거든 너는 반드시 태사가 되어라. 태사가 되거든 내가 논하여 저술하려고 했던 바를 잊지 말아라. ~중략~ 나는 태사가 되고도 이들을 논하여 기록하지 못해 천하의 역사 문헌을 폐기하였구나. 나는 이것이 매우 두렵다. 너는 이 점을 염두에 두거라."

사마담이 죽은 지 3년 만에, 사마천은 태사령이 되어 사관의 기록 및 궁중에 소장된 전적을 정리해 나갔다. 또한 사마천은 춘추에 관해 상대부인 호수와 문답을 나누고『사기』집필에 들어갔다. 하지만 그로부터 7년 뒤 사마천은 이릉의 사건에 연좌되어 죄수의 몸이 되고 만다. 이릉과는 단지 같은 문하에 있었을 뿐 아무런 이해관계도 없었고 친밀한 관계도 아니었지만, 사마천은 그를 내버려 둘 수 없었던 것 같다. 죽음을 무릅쓰고 이릉을 변호하다 황제의 기분을 거슬러 사형 선고를 받고 말았고, 궁형으로 가까스로 죽음을 모면했던 것이다.

> "하루에도 간장이 아홉 구비로 꼬이고, 집에 가만히 있으면 정신이 멍멍하고, 밖에 나가면 어디로 가야할 지 막연합니다. 제가 당한 수치를 생각할 때마다 등에 식은땀이 흥건하여 옷을 적시지 않은 적이 없습니다...." 〈보임소경서-사마천이 친구에게 보낸 편지〉

궁형을 당한 사마천은 치욕과 울분으로 하루에도 수십 번씩 죽음을 생각했을 것이다.

세간의 말처럼 궁형보다는 차라리 죽음을 택하는 것이 차라리 나앗을 터이다. 하지만 구차하게 목숨을 위해 궁형을 택했다는 비난 속에서도 사마천이 살아야 했던 이유는 아버지의 유언을 받들어 사기를 완성하고자 하는 일념 때문이었다.

> "이것이 내 죄인가? 이것이 내 죄인가? 몸이 망가져 쓸모없게 되었구나."
>
> "대체로 『시경』과 『서경』의 뜻이 은미하고 말이 간략한 것은 마음속으로 생각하는 바를 펼쳐 보이려 했기 때문이다. 옛날 서백(주나라 문왕)은 유리에 갇혀 있으므로 『주역』을 풀이 했고, 공자는 진나라와 채나라에서 고난을 겪었기 때문에 『춘추』를 지었으며, 굴원은 쫓겨나는 신세가 되어 「이소」를 지었고, 좌구명은 눈이 멀어 『국어』를 남겼다. 손자는 다리를 잘림으로써 『병법』을 논했고, 여불위는 촉나라로 좌천되어 세상에 『여씨춘추』를 전했으며, 한비는 진나라에 갇혀 「세난」과 「고분」 두 편을 남겼다. 『시』300편은 대체로 현인과 성인이 발분하여 지은 것이다. 이런 사람들은 모두 마음속에 울분이 맺혀 있는데 그것을 발산시킬 수 없기 때문에 지나간 일을 서술하여 앞으로 다가올 일을 생각한 것이다."

사마천의 『사기』는 사마천 자신의 마음속에 맺힌 울분이 토로된 것이다. "사람이 죽고 사는 것은 한 번이다. 그러나 누구는 태산보다도 더 무겁게 죽고, 누구는 기러기 털보다도 가볍게 죽는다.(소진 열전 중)"는 그의 말은 사마천의 인생관을 단적으로 보여준다. 사마천의 『사기』에서 우리가 받는 감동은 등장 인물들의 활약상에도 있지만, 근본적으로는 『사기』를 있게 한 사마천의 마음때문이 아닐까.

＊이릉(李陵, ? ~ 기원전 74년)

전한 무제 때의 인물로, 젊은 시절부터 흉노와의 전쟁에 참가하여 여러 차례 공을 세웠다. 한 번은 이광리의 별동대를 지휘하여 흉노의 배후를 기습하였으나, 오히려 흉노에게 포위당했는데, 이릉은 부하들을 살리기 위해 흉노에 항복하였다. 이 소식을 들은 무제는 크게 노하여 이릉의 족속을 멸하였다. 이릉은 이 소식을 듣고 흉노에 완전히 투항하여 선우의 사위가 되어 흉노의 제후가 되었다.

*궁형

고대 중국에서 실행하던 5가지 형벌 중의 하나로, 남녀의 생식기에 가하는 형벌이다. 남자는 생식기를 거세하고, 여자는 질을 폐쇄하여 자손의 생산을 전연 불가능하게 하였으므로, 사형에 버금가는 극형이었다.

| 읽고 생각하기 |

독서 노트

요약 · 정리하기

■ **백이열전을 읽고 다음을 작성해 보자.**

사건 정리
•   •   •
사마천의 관점에서 백이숙제 다시 보기
•   •
백이숙제는 의인인가 악인인가

긍정적인 측면	부정적인 측면
•	•
•	•
•	•
•	•

백이숙제에 나의 생각(총평)
•   •

■ **다른 인물에 대해서도 같은 방식으로 정리해 보자.**

사건 정리

•

•

•

타인의 관점에서 인물 다시 보기

•

•

긍정적인 면과 부정적인 면 살피기

긍정적인 측면	부정적인 측면
•	•
•	•

인물에 나의 생각(총평)

•

•

현대 사회에서 필요한 인물상 생각해 보기

•

•

| 토론하기 |

❶ 아래 제시문을 참고로 하여, 각 인물들을 어떻게 평해야 할지 조별로 토론해 보자.

제시문 1 : 【관안열전–관중이야기】

자로가 말하였다. "환공이 공자 규를 죽이자, 소홀은 죽었고 관중은 죽지 않았으니 관중은 인(仁)하지 못할 것입니다." 공자께서 말씀하셨다. "환공이 제후들을 규합하되 무력을 쓰지 않은 것은 관중의 힘이었으니, 누가 그의 인만 하겠는가, 누가 그의 인만 하겠는가". 자공이 말하였다. "관중은 인자가 아닐 것입니다. 환공이 공자 규를 죽였는데, 죽지 못하고 또 환공을 도와주었습니다." 공자께서 말씀하셨다. "관중이 환공을 도와 제후의 패자가 되게 하여 한 번 천하를 바로잡아 백성들이 지금까지 그 혜택을 받고 있으니, 관중이 없었다면 우리는 머리를 풀고 옷깃을 왼편으로 하는 오랑캐가 되었을 것이다. 어찌 필부들이 작은 신의를 위해 스스로 목매 죽어서 시신이 도랑에 뒹굴어도 사람들이 알아주는 이가 없는 것과 같이 하겠는가."

- 논어 헌문편 17

공자께서 말씀하셨다. "관중의 기량은 작다." 어떤 사람이 "관중은 검소했습니까?" 라고 묻자, 공자께서 말씀하셨다. "관씨는 세 집 살림을 했고 가신(家臣)의 일을 겸직시키지 않았으니 어찌 검소하다 할 것인가?" "그러면 관중은 예를 알았습니까?" 하고 묻자, 공자께서 말씀하셨다. "임금이 나무(병풍)로 문을 가리거늘 관중도 나무로 문을 가렸고, 임금이어야 두 임금이 우호로 만날 때에 술잔을 되돌려 놓는 자리를 둘 수 있는데 관씨도 술잔을 되돌려 놓은 자리를 두었으니, 그 자가 예를 안다면 누가 예를 알지 못하겠는가?"

*가신(家臣)은 관속(官屬)을 다 갖출 수 없어 항상 몇 가지 일을 겸하는데 관중은 그렇게 하지 않았으니 사치함을 말한 것임.

- 논어 팔일(八佾)편 22

토론 1 관포지교가 아름다운 이유는 어디에 있는가. 관중의 인물됨-인성 및 정치적 활동 모두-에 대해 토론해 보자.

토론 2 현대 사회에서 관중과 같은 가치관은 어떠한 의미를 지닐 수 있을지 생각해 보자.

제시문 2 : 【맹상군열전】

한때 제나라의 왕이 주변 사람들의 모략에 현혹되어 맹상군을 물러나게 하자, 맹상군의 빈객들은 모두 그의 곁을 떠났다. 그런데 이제 맹상군이 다시 재상의 자리에 앉게 되자, 풍환은 맹상군에게 빈객들을 다시 불러서 맞으라고 했다. 이에 맹상군은 탄식을 하며 풍환에게 말했다.

"나는 옛날 빈객을 좋아하여 그들을 접대하는 데에 실수를 하지 않았습니다. 이에 우리 집의 식객이 3천 여 명이나 되었던 것은 선생께서도 잘 아실 것입니다. 그런데 빈객들은 내가 재상의 자리에서 물러나게 되자 모두 나를 돌보아 주지 않고, 배신하고 떠나버렸습니다. 이제 선생의 도움으로 다시 재상의 자리에 앉게 되었지만, 그들이 이제 와서 무슨 면목으로 나를 찾을 수 있겠습니까. 만약 다시 나를 찾는 사람이 있다면 그의 얼굴에 침을 뱉고 크게 욕을 해 주고 말겠습니다."

~ 중략 ~ 풍환은 다시 맹상군에게 말했다.

"살아 있는 자가 반드시 죽는 것은 사물이 반드시 그렇게 되는 이치입니다. 부하고 귀하면 따르는 선비가 많고, 가난하고 천하면 사귀는 벗이 적은 것도 당연한 일입니다. 그대는 아침에 시장에 가는 사람들을 보신 적이 있을 것입니다. 새벽에는 어깨를 나란히 하여 앞을 다투어 문으로 들어가지만, 날이 저물면 시장을 지나는 사람들은 팔을 흔들고 돌아보지도 않습니다. 그렇게 되는 것은 아침을 좋아하고 저녁을 싫어해서가 아닙니다. 저녁 시장에는 상품이 없기 때문입니다. 이와 같이 그대가 재상의 자리에서 물러나 빈객이 떠나간 것은 당연한 결과입니다. 그러한 일로 선비를 원망하고 함부로 빈객을 끊어서는 안 될 것입니다. 청컨대 그대는 빈객을 예전처럼 대우해 주십시오."

토론 1 맹상군과 같은 인물형이 지니는 장점과 단점을 나누어 생각해 보자.

토론 2 맹상군의 인물됨에 대해 생각해 보고, 이러한 인간형이 현대 사회에도 성공할 수 있을지 그 가능성에 대해 토론해 보자.

토론 3 나와 관련하여, 맹상군열전으로부터 얻을 수 있는 교훈에 대해 생각해 보자.

❷ **각 인물을 대상으로 조별 대항 토론을 해 보자.**

〈토론 개요작성〉

논제 :

논거 1 (필요성) :

전제 1	
증거	
전제 2	
증거	

〈교차조사 방식 토론 진행 순서〉

구 분	순 서	내 용	시 간
A. 각 측 주장 및 질의응답	1	찬성 측 첫 번째 토론자의 입론 (찬성1)	4분
	2	반대 측 두 번째 토론자의 교차조사 (반대2)	2분
	3	반대 측 첫 번째 토론자의 입론 (반대1)	4분
	4	찬성 측 첫 번째 토론자의 교차조사 (찬성1)	2분
	5	찬성 측 두 번째 토론자의 입론 (찬성2)	4분
	6	반대 측 첫 번째 토론자의 교차조사 (반대1)	2분
	7	반대 측 두 번째 토론자의 입론 (반대2)	4분
	8	찬성 측 두 번째 토론자의 교차조사 (찬성2)	2분
B. 반박	9	반대 측 첫 번째 토론자의 반박 (반대1)	2분
	10	찬성 측 첫 번째 토론자의 반박 (찬성1)	2분
	11	반대 측 두 번째 토론자의 반박 (반대2)	2분
	12	찬성 측 두 번째 토론자의 반박 (찬성2)	2분
	작전타임	긍정측, 부정측 팀당 5분 혹은 4분	

미국 CEDA협회 교차조사 방식 토론 진행 순서
(시간은 75분 수업에 맞게 조정한 것임)

〈대항토론채점표〉

토론 일자	
토론 논제	
사회자	
토론자	찬성 측 :
	반대 측 :

번호	평가문항		점 수
1	토론자 (찬성측)	주장이 정직하였는가?(조작, 변조, 왜곡이 없었는가)	1 2 3 4 5
2		자발적이고 적극적으로 참여했는가?	1 2 3 4 5
3		감정적인 표현이나 대응을 삼갔는가?	1 2 3 4 5
4		상대방 의견을 존중하고 경청하는 태도가 좋았는가?	1 2 3 4 5
5		발언 시간과 순서를 잘 지켰는가?	1 2 3 4 5
6		토론 결과에 승복했는가?	1 2 3 4 5
7	토론자 (반대측)	주장이 정직하였는가?(조작, 변조, 왜곡이 없었는가)	1 2 3 4 5
8		자발적이고 적극적으로 참여했는가?	1 2 3 4 5
9		감정적인 표현이나 대응을 삼갔는가?	1 2 3 4 5
10		상대방 의견을 존중하고 경청하는 태도가 좋았는가?	1 2 3 4 5
11		발언 시간과 순서를 잘 지켰는가?	1 2 3 4 5
12		토론 결과에 승복했는가?	1 2 3 4 5
13	사회자	시작할 때 청중이 관심을 갖도록 토론 논제의 의의를 잘 밝혔는가?	1 2 3 4 5
14		토론이 주제에서 벗어나지 않도록 잘 조정했는가?	1 2 3 4 5
15		특정 의견에 개입하지 않고 중립을 잘 지켰는가?	1 2 3 4 5
16		시간 안배를 적절히 하고 토론의 규칙을 지키도록 잘 유도했는가?	1 2 3 4 5
17		결론을 요약하고 논점을 정리해서 토론을 잘 마무리하였는가?	1 2 3 4 5
18	전체적 분위기	토론의 전체 과정이 잘 진행되었는가?	1 2 3 4 5
19		청중들은 경청하는 태도였는가?	1 2 3 4 5

〈교차조사 방식 토론 채점표(총120점)〉

찬성팀:	찬성 1	
	찬성 2	
반대팀:	반대 1	
	반대 2	

토론순서	점수 (10점 만점)	특이사항
찬성 측 첫 번째 토론자의 입론(찬성1)		
반대 측 두 번째 토론자의 교차조사(반대2)		
반대 측 첫 번째 토론자의 입론 (반대1)		
찬성 측 첫 번째 토론자의 교차조사 (찬성1)		
찬성 측 두 번째 토론자의 입론 (찬성2)		
반대 측 첫 번째 토론자의 교차조사 (반대1)		
반대 측 두 번째 토론자의 입론 (반대2)		
찬성 측 두 번째 토론자의 교차조사 (찬성2)		
반대 측 첫 번째 토론자의 반박 (반대1)		
찬성 측 첫 번째 토론자의 반박 (찬성1)		
반대 측 두 번째 토론자의 반박 (반대2)		
찬성 측 두 번째 토론자의 반박 (**찬성**2)		

	팀원 최종점수	팀 최종점수
찬성팀	찬성 1 :	
	찬성 2 :	
반대팀	반대 1 :	
	반대 2 :	

년 월 일 심사위원 : 인

| 논평문 쓰기 |

■ 『사기(열전)』의 등장인물이 현대 사회에 주는 의미를 고려하면서, 열전의 인물에 대한 논평문을 작성해 보자.

Tip 논평문 쓰기란?

학생들은 단순한 '요약/정리 보고서' 를 쓰기도 하지만, 한 걸음 더 나아가 요약을 넘어 '논평' 혹은 '비평'을 요구하는 보고서를 써야 할 때도 있다. 그리고 때로는 강의실을 벗어나 대학 안팎의, 그리고 인터넷 매체에 짧은 분량의 요약과 논평을 겸한 글을 쓸 수도 있다. 물론 이런 글의 가장 대표적인 것은 '책' 을 소개하거나 비평하는 글일 텐데, 요즘은 '영화' 가 문화의 중심에 뛰어들면서 '영화' 를 보고 소개하거나 비평하는 글도 제법 많아졌다.('만화' 도 '영화' 만큼은 아니지만 점차 문화의 중심으로 들어오려 하고 있다.)

이런 글을 쓰기 위해서는 일차적으로 '요약/정리' 를 한 뒤 자신의 생각과 느낌을 적절하게 덧붙이면서 글의 짜임새를 고려하여 배치하면 된다. 그러기 위해서는 검토 대상으로 주어진 텍스트 하나에만 매달리지 말고 비슷한 분야의 텍스트를 '**겹쳐 읽기**' 하면서 둘 이상의 텍스트들의 차이점에 주목하여 자신의 생각을 정리하는 것이 좋다. 보통은 여태까지 자기가 읽어온 텍스트와 무의식적인 '겹쳐 읽기' 를 하는데, 아직 읽은 것이 많지 않다면 새로라도 읽어야 충실한 글이 된다. (모든 텍스트는 기존 텍스트들을 '배경' 으로 하여 나온 것이지 하늘 아래 처음으로 갑자기 튀어나온 것은 아니다.)

이런 글이 한 걸음만 더 나아가면 '서평' 이 될 수 있는데, 이 경우 단순히 책을 소개하는 글보다는 다소 격식과 분량을 요구하는 것인 경우가 많다. 학생들의 경우 아직 '서평' 을 쓰기가 쉽지는 않을 것이다. 우리나라의 경우 필자와의 인간 관계 때문에 서평을 냉정하게 쓰기가 어려워 '서평 문화' (서평이 문화의 중요한 부분이라는 것!)가 발달하지 못하고 있지만, 서양의 경우 '서평' 만을 전문적으로 다루는 매체들이 아주 많다. 이런 곳의 서평은 책의 주장을 단순히 요약한 뒤 의례적인 비판을 하기보다는 서평자의 '개성적인 논평'을 중시한다. (때로는 약간의 편견이 들어 있을지라도 논쟁적 서평이 더 재미있다!) 이 서평은 그 책이 전문적인 경우 해당 전공자에게 부탁하지만, 넓은 의미의 교양 서적일 경우 '도서평론가'와 같은 직업적인 서평자가 하는 경우가 많으니, 책 읽기를 좋아하는 사람이라면 이 분야에 도전해 봄 직하다.(과학 분야를 부전공하여 '과학평론가'로서 글쓰기와 서평을 할 수도 있을 것이다.)

넓은 의미에서 '논평'의 일종으로 어떤 주어진 짧은 텍스트를 보고 '논술'을 하는 경우도 있다. '**논술(dissertation)**'이란 문자 그대로 '논리적 진술'의 의미를 갖고 있는데, 이 이상의 적극적 개념 규정은 사실상 어렵고, 대체로 문학 작품보다는 논문에 가까운 것이되 학계에 기여할 만한 새로운 사실을 주장하기보다는 자기 생각(의견)을 비교적 짧은 분량에 논리적으로 서술하는 글이라고 할 수 있다. 논술은 크게 주제를 놓고 쓰는 유형과 텍스트(의 한 부분)를 읽고 쓰는 유형으로 나눌 수 있다. 우리나라 대학 입시의 경우 전자를 선호하는데, 이 경우 분량을 원고지 6매 안팎으로 제한하다 보니, 논술 자체가 '공식화'되어 또 다른 암기 과목으로 전락하고 있다는 비판이 나오고 있다.

텍스트의 분석과 해석이 꼭 문학 작품만 대상으로 이루어지는 것은 아니다. 다소 전문적인 이야기지만, 중국 송나라의 유명한 사상가 주희는 그의 사상을 독자적인 저술을 통해 드러내기보다는 그 이전부터 내려오던 고전들(논어, 맹자, 중용, 대학 등)의 본문에 주석을 다는 형태로 드러냈는데, 이렇게 해서 이루어진 사서집주(四書集註)는 그 논리적이며 정치한 해석으로 유명하다. 그만큼 기존 텍스트에 대한 해석과 주석은 다른 분야에서도 이루어져 왔고 또 당대 최고의 학문적 탐색과 연결될 수도 있는 것임을 보여주는 것이다.

◖ 함께 읽기 좋은 자료 ◗

『삼국지』

『십팔사략』

『삼국유사』

『삼국사기』

5 『간디자서전』을 읽고 쓰다

| 학습 목표 |

- 「간디자서전」을 읽고 모든 인류의 스승이 될 수 있는 '위대한 삶'은 어떻게 가능한지에 대해 생각해 본다.
- 「간디자서전」에 대한 이해를 바탕으로 다양한 쟁점들에 대한 발표와 토론을 수행한다.
- 토론의 결과를 바탕으로 자서전 쓰기를 학습한다. 특히 10주차에는 〈현재〉의 '나의 자서전'과 〈미래〉의 '나의 자서전' 쓰기를 통해 〈나〉의 삶이 성공적으로 완성될 수 있게 하기 위한 반성과 다짐을 해본다.

| 해제와 저자 소개 |

●해제

이 책은 간디가 1940년에 출판한 「An Autobiography, The Story of My Experiments with Truth」의 우리말 번역본이다. 이미 번역 간행된 바 있는 함석헌의 「간디자서전-나의 진리 실험 이야기」(한길사 간)와는 달리 박홍규 교수는 「간디자서전-나의 진실 추구 이야기」라는 부제를 붙였다. 이런 차이는 'Experiments with Truth'를 어떻게 해석하는

가의 차이에서 연유한 것이다. 박홍규 교수는 '진리 실험' 으로 번역하면 "마치 간디가 과학자로 실험실에서 실험이라도 하는 것처럼 느껴지기도 하고, 자신의 삶이 진리 또는 진리를 향하는 것이라고 조금은 교만하게 말하는 듯이 느껴지기도 해서 이 세상에서 겸손했던 그에게 어울리지 않는다고 생각했기 때문" 에 '진실 추구 이야기' 로 번역하였다고 해명한다.

그러나 '진실 추구' 가 어법상 타당하다는 박홍규 교수의 말에도 불구하고 간디의 삶을 추적해가면 그의 삶은 인도라는 판 위에서 작게는 자신이나 자신의 내면, 가족, 그리고 사회 공동체와 국가라는 범주 속에서 위태위태하게 반문명 · 반기술 · 반자본을 구현하기 위한 실험의 연속이었다고 규정할 수도 있다. 물론 실험이라는 단어가 갖는 이미지가 과학적 냄새와 무관하지는 않지만 그렇더라도 간디의 삶에서 행해진 채식, 영국인 모방하기, 담배 피우기와 그 연장성상에서의 자살 시도, 나아가 티아그라하운동, 스와데시운동, 스와라지운동 등은 모두 그것이 '진리' 였건 '진실' 이었건 평범하지 않은 숭고한 삶으로 수렴되는 과정 속의 실험들이었음을 부정할 수 없다.

채식주의자로 자리매김해가던 간디가 어느 날 "참맛은 혀에 있지 않고 마음에 있음을 알게 되었다" 고 한 말을 빌려 말한다면 『간디자서전』의 참맛은 간디의 마음을 알아가는 여정에 있다고 할 것이다. 간디의 마음속에 굳건히 자리하고 있는 무저항, 비폭력이라는 숭고한 진리 혹은 진실 또한 때로는 섬약하고 부끄럼 많던 간디라는 '난쟁이'의 마음속에서 싹이 튼 것임을 깨닫는 순간 인간은 누구라도 무한대로 위대해질 수 있다는 '진리' 의 언저리에 도달해 있는 자신을 발견하는 재미는 쏠쏠하다.

「간디자서전」은 그래서 누구에게나 마음의 속내를 들여다볼 수 있는 진리 실험의 거울일 수 있고, 진실 추구의 추동력일 수 있다. 그것에 동의한다면 '진리 실험의 이야기' 였건 '진실 추구의 이야기' 였건 「간디자서전」은 우리에겐 여전히 삶을 추동하는 하나의 경전이며 동시에 IT산업이 인간 삶을 지배하는 '오늘 여기서' 하나의 도전이기도 하다. 경전이면서 동시에 도전이기도 한 「간디자서전」은 그래서 여전히 오늘의 우리에겐 하나의 실험서인지도 모른다.

이 책을 통해 우리는 성인이라는 거대한 인물로서의 간디가 아니라 부끄러움 많고 나약한 한 인간이 끊임없이 반성하고 좌절하는 가운데 어떻게 진실을 만들어 가고 견고한 틀로써 하나의 이념을 만들어 가게 되는지를 깨닫게 된다. 간디는 자신의 위대함을 드러내고자 자서전을 쓴 것은 아니다. 어디까지나 진실을 추구해간 과정을 알려주고 싶었을 뿐이다. 그래서 간디는 "진실을 추구하는 자는 먼지보다 겸손해야 한다"고 말했고, "나처럼 사악하고 못난 것이 세상에 또 있을까?" 자주 반문했다. 이 자서전의 위대함은 여기에 있다고 생각한다. 스스로 끝없이 사악하다고 생각하고 그 사악함의 껍질을 하나씩 벗겨내는 지난한 투쟁의 기록이 간디에게 있어서는 바로 진실 추구 이야기가 아니겠는가?

●저자

간디는 영국의 지배를 받던 포르반다르에서 태어난(1869) 인도 민족 운동의 지도자이며 사상가로 '마하트마(위대한 영혼)'라 불리는 인도 건국의 아버지이다. 런던에 있는 이너템플대학을 졸업했으며 변호사의 자격을 얻어 귀국한다. 1893년 소송 사건을 의뢰받아 1년간의 계약으로 부인과 함께 남아프리카 연방의 더반으로 건너가며, 이 여행은 간디의 생애에 커다란 전기를 가져온다. 당시 남아프리카에 거주하던 약 7만 명에 달하는 인도인의 지위와 인간적인 권리를 보호하고자 남아프리카 연방 당국에 대한 인종차별 반대 투쟁 단체를 조직하여 지도자로 활동한다. 이때에 처음으로 사티아그라하(진실관철투쟁)를 시작한다. 모국에 돌아온 뒤 제1차 세계 대전에서 인도의 독립을 촉진하기 위하여 영국의 입장을 지지하나 민중 탄압법인 롤라트법이 제정되자(1919) 영국의 지배에 반기를 들기 시작한다. 1919년 봄 사티아그라하투쟁을 선언했고, 곧 봉기가 일어나 펀자브에서 400명에 달하는 인도인이 영국군에게 학살되는 사건이 일어난다. 이후 영국정부에 대한 비폭력 불복종 운동을 전개한다. 61세가 된 간디는 1930년 3월 소금세 신설에 반대하여 사티아그라하운동을 다시 시작하며 영국 통치에 대한 간디의 비폭력 운동 중 가장 성공적이었던 이 운동에서 6만 명 이상이 투옥된다. 제2차 세계대전이 일어나자, 영국은 인도의 동의도 없이 인도를 전쟁에 투입하며, 이에 간디는 1942년 영국에 즉각적인 철수를 요구한다. 전쟁이 끝난 후 국민회의파, 이슬람동맹, 영국정부 간의 3자 협상이 벌어졌으나 협상 중에 힌두교도와 이슬람교도 사이에 유혈 충돌이 계속 일어나며, 1947년 간디의 뜻과는 달리 인도와 파키스탄의 분리 독립이 결정되었고, 양쪽으로부터의 비난을 무릅쓰고 두 종교의 갈등을 해결하고자 간디는 단식에 들어간다. 간디의 단식에 의해 1947년 9월 캘커타의 폭동이 가라앉았고, 1948년 1월에는 델리에서 휴전이 이루어지기도 했다. 1948년 1월 30일 나투람 고드세라는 반(反)이슬람 힌두교 광신자에게 암

살당하였다. 주요 저서로는 「인도의 자치(自治)」, 「자서전」, 「비폭력으로부터 오는 힘」 등이 있다.

| 읽고 생각하기 |

독서 노트

요약 · 정리하기

① 다음 제시문을 읽고 물음에 답하시오.

가

예술주의의 문예와 인도주의의 문예에 어떤 것이 옳은가

전술(前述)과 같이 설혹 신시와 신소설이 성행하는 까닭에 사회의 모든 운동이 침적하다 할지라도 만일 순예술주의자에게 말하면 '빈처(貧妻)의 단속것은 팔아서라도 훌륭한 몇 짝의 신시를 삼이 가(可)하며 강토의 전부를 주고라도 자미있는 몇 줄의 신소설을 바꿈이 가하다.' 하리니 그까짓 운동의 침적 여부야 누가 알겠느냐? 하리라. 존화주의(尊華主義)를 위하야 조선이 존재하며 삼강오륜을 위하야 인민이 존재하며 권선징악을 위하야 역사와 소설이 존재하며, 기타 모든 것이 자(自)의 존재할 목적이 업시 타(他)의 무엇을 위하야 존재한 줄로 단정한 누백 년래(來) 노예 사상에 대한 반감으로는 현 세계에 인도주의의 문예가 예술주의의 문예를 대신하려 함에 불구하고 나는 곧 예술지상주의로 찬성하려고 하였다. 그러나 예술도 고상(高尙)하여야 예술이 될지어늘 환고랑자(紈袴浪子)의 육노(肉奴)가 되라는 자살귀(自殺鬼)의 강명화(康明花)도 열녀(烈女)되는 문예가 무삼 예술이냐, 누백만(累百萬)의 아귀를 곁에다 두고 일 원 내지 오 원의 소설책이나 팔아 일포(一飽)를 구하려는 문예가들이 무슨 예술가이냐, 금강(金剛)의 경(景)이 아모리 좋을지라도 기아(飢兒)의 눈에는 일시(一是)의 반(飯)만 못 하며 솔거(率居)의 화송(畵松)이 아모리 명작이라 할지라도 익수자(溺水者)의 눈에는 일편(一片)의 목판(木版)만 못 하며 살도 죽도 못 하게 된 조선 민중의 귀에는 모든 미려한 가극(歌劇)과 소설의 이야기가 백두산 속 미신귀(迷信鬼)인 조 선생(趙先生)의 강신필(降神筆)만 못하리니 일 원이면 일가 인구(一家人口)의 며칠 생활할, 민중의 눈에 들어갈 수도 없는 이 원 삼 원의 고가(高價) 되는 소설을 지어 노코 민중 문예라 호호(呼號)함도 얄미운 짓이어니와 민중 생활과 접촉이 업는 상류 사회 부귀가 남녀의 연애 사정을 그림으로 위주하는 장음 문자는 더욱 문단의 수치이다. 예술주의의 문예라 하면 현 조선을 그리는 예술이 되어야 할 것이며 인도주의의 문예라

하면 조선을 구하는 문예가 되어야 할 것이니 지금의 민중에 관계가 없이 다만 간접의 해(害)를 끼치는 사회의 모든 운동을 소멸하는 문예는 우리의 취할 바가 아니다. 구주(歐洲) 각국에는 매양 문예의 작물(作物)이 혁명의 선구가 되었다 하니 이는 그 역사와 환경이 다른 까닭이니 조선의 현재에 비할 것이 아니다.

- 신채호, 「낭객의 신년만필」, 『동아일보』, 1925. 1. 2

나

라지코트에 도착한 이튿날 나는 의료관에게 신고했다. 그곳에서 나는 무명이 아니었다. 의사는 미안해하며 검역관에게 화를 냈다. 그러나 검역관은 자기 의무를 다한 것이니 그럴 필요가 없었다. 그는 나를 몰랐고, 설령 알았다고 해도 달리 어쩔 수 없었으리라. 의료관은 그에게 나를 다시 보내지 않고, 대신 다른 검역관을 나에게 보내려 했다.

그럴 경우 위생적 이유에서 3등칸 승객을 검역하는 건 필요한 일이다. 만일 유명인사가 3등칸 여행을 선택한다면, 그들의 지위가 어떻든 간에, 빈민이 따르는 모든 규칙에 스스로 복종해야 하고, 관리도 공평하게 대해야 한다. 그러나 내 경험으로는 관리들은 3등칸 승객을 동료로 보는 대신 수많은 양 떼로 보았다. 그들은 빈민과 말할 때 빈민을 경멸했고 대답이나 이유 설명은 아예 하지 않았다. 3등칸 하인처럼 관리에게 복종해야 했고, 관리는 승객을 폭행하고 협박을 해서 금품을 빼앗아도 처벌을 받지 않았다. 게다가 결국 차표를 내준다고 해도 열차를 놓치게 하는 등, 가능한 최대의 불편을 주고 난 뒤였다.

이 모든 것을 나는 내 눈으로 보았다. 이를 고치려면, 교육받고 부유한 사람들이 자발적으로 빈민의 지위가 되어 3등칸으로 여행하면서, 빈민에게는 허용되지 않는 오락 시설의 이용을 거부하고, 피할 수 있는 불편, 무례, 불의를 없애려고 싸워야 한다.

카티아와르 어디를 가도 비람감 세관에 대한 비난을 들었다. 그래서 즉시 윌링던 경의 제안을 이용하기로 결심했다. 나는 그 문제에 관한 모든 자료를 수집하여 읽은 뒤, 그러한 불만에는 충분한 근거가 있음을 알았고, 그래서 뭄바이 당국과 교섭하기 시작했다. 나는 윌링던 경의 개인비서를 방문했고, 윌링던 경도 만났다.

그는 동정했으나, 책임을 델리에 떠넘겼다. "그것이 우리 일이라면 우리는 오래전에 그곳을 철수시켰을 것입니다. 인도 정부와 교섭하셔야 합니다." 비서가 말했다.

나는 인도 정부에 편지를 썼으나, 접수 통지 외에 아무 답도 받지 못했다. 그 뒤 쳄스퍼드 경을 만나고 나서야 겨우 해결되었다. 내가 그 사실을 그에게 말하자 그는 놀라워했다. 그는 아무것도 모르고 있었다. 그는 내 말을 다 듣고 나서 바로 전화를 걸어 비람감에 대한 공문을 찾았다. 그리고 그곳 당국자가 해명이나 변명을 하지 못하면 그곳 세관을 없애겠다고 약속했다. 그 회견을 한 지 며칠 뒤 나는 신문에서 그곳 세관이 없어졌다는 소식을 읽었다.

나는 이 사건을 인도 최초의 진실관철투쟁이라고 생각했다. 뭄바이 당국과 만났을 때 차관이, 내가 카티아와르 바가스라 연설에서 진실관철투쟁에 대해 언급한 것을 비난했기 때문이었다.

그가 물었다. "그건 협박 아니었습니까? 게다가 당신은 강력한 정부가 그런 협박에 굴복하리라 생각합니까?"

내가 답했다. "그것은 협박이 아니었습니다. 그것은 인민 교육이었습니다. 인민에게 불평을 합법적으로 해결할 방법을 알려주는 것이 나의 의무입니다. 자주독립에 이르고자 하는 민족은 자유에 이르는 모든 수단과 방법을 알아야 합니다. 보통 그 속에는 최후의 방법으로 폭력이 포함됩니다. 반면 진실관철투쟁은 절대적으로 비폭력적인 무기입니다. 나는 그 실천과 한계를 설명하는 것이 나의 의무라고 생각합니다. 나는 영국 정부가 강력한 정부라는 것을 의심하지 않지만 동시에 진실관철투쟁도 최고의 해결책임을 의심하지 않습니다."

영악한 차관은 의심스럽다는 듯이 고개를 저으며 말했다. "두고 보지요."

- 박홍규역 『간디자서전』, 문예출판사, 507-509쪽

❶ 어떤 권리를 쟁취하는 방법은 여러 가지가 있을 수 있다. 그 중 하나가 제시문 가)에서 확인할 수 있듯이 신채호가 주장하는 힘(힘의 문학 포함)을 앞세운 투쟁의 방식이고, 다른 하나가 제시문 나)에서 확인할 수 있듯이 간디식의 비폭력 무저항의 방식이다. 이 두 가지 방식 중 어느 것이 더 효과적인 방식일지 하나를 선택하여 자기 생각을 정리해보자.

가

저는 이제 아버지를 기억하지 못합니다. 행복한 고아지요. 마침내 저는 그 유명한 마하트마, 제 아버지였으나 이제는 아닌, 그 사람에게서 해방되었습니다. 자기 자신을 신이라고 믿는 그 미치광이, 그 몽상가, 그 난쟁이에게서요.

제가 취했다고 생각지 마세요. 이건 진실이에요. 어머니가 성인이라 믿는 그 사람은 난쟁이일 뿐이에요.

그가 저를 감싸 안을 수 있을까요? 저를 감당할 수 있을까요? 저를 후원할 수 있을까요? 아니오, 그가 내주는 사랑은 지나가는 인도 사람의 몫이지요. 나병환자? 불가촉천민? 아마 그들의 몫이겠지요. 하지만 누가 대가를 치르죠? 저예요. 제일 우선이 맨 나중이 되지요. 맨 끝은 맨 처음이 되고요.

모든 건 인도를 위해서죠. 하릴랄을 위한 건 아무것도 없어요. 이게 잘된 건가요? 이게 사실이 아닌가요? 간디의 진실은 바로 저죠. 그 진실을 말하는 것도 저고요. 저는 그의 비밀이고 그의 한계지요. 그는 가족을 화합시키지조차 못하면서 인도를 한데 모으려고 해요.

그는 자기 팔이 몇천 만 개나 된다고 믿어요. 자기 장남을 안을 작은 두 팔도 없으면서 말입니다. 우리는 모든 일을 다 해낼 수는 없죠. 신이 되려면 자식을 낳지 않았으면 됩니다. 선택을 해야 합니다. 저는 선택을 했어요. 이게 끝이에요.[1)]

- 카트린 클레망, 이현숙 역, 『간디-위대한 영혼의 소유자』, 시공사, 1998. 166쪽.

나

그 아이와 내 이상이 다르다는 것이 확인된 것은 15년도 넘은 일이며, 그 후로 우리는 따로 살고 있고 나는 직접적으로든 간접적으로든 그 아이를 도운 일이 없습니다. 아들이 열여섯 살이 넘으면 친구이자 동등한 사람으로 대접해야 한다는 것이 나의 변함없는 원칙이었습니다. 나는 하릴랄의 일을 모릅니다. 가끔 그 아이가 나를 만나러 오기는 하지만, 한번도 그 아이 일을 캐물은 적이 없습니다.……이 분의 예가 거래에서 명사의 이름에 현혹되어 피해를 보는 사람들에게 경고가 되기를 바랍니다. 어떤 사람이 선하다고 해서 그 자식까지 선하란 법은 없습니다.[2)]

- 요게시 차다, 정영목 역, 『마하트마 간디』, 한길사, 2001. 483쪽

❷ 위의 두 제시문을 통해서 간디와 장남 하릴랄의 관계가 정상적인 부자 관계는 아니었다는 것을 알 수 있다. 이런 사실은 『간디자서전』에도 장남에 대한 기록이 전혀 나오지 않는 점에서 확인된다. 그렇다면 『대학』에 나오는 '수신제가치국평천하(修身齊家治國平天下)라는 구문에 비추어 볼 때 제가를 제대로 하지 않은 간디는 비난을 받아야 하는지, 아니면 치국평천하를 위해서 제가는 어쩔 수 없이 희생될 수밖에 없는 것인지에 대해 정리해 보자.

1) 이 제시문은 간디의 장남 하릴랄의 입장에서 내린 아버지 간디에 대한 평가이다. 하릴랄이 그의 어머니에게 보낸 편지 형식의 이 제시문은 실제가 아니라 허구이다. 프랑스의 엘렌 식수스가 쓴 『인디아드, 혹은 그들이 꿈꾸는 인도』(1987)에 나오는 허구의 편지다.

2) 1924년 간디는 『영 인디아』에 하릴랄에게 사기 당한 사람의 편지를 싣고 이 제시문처럼 자신의 답도 덧붙였다. 이런 간디의 행동은 장남 하릴랄에 대한 배신감과 실망에서 연유한 듯하다. 하릴랄은 아버지의 바람과는 달리 알콜중독자에, 이름도 바꾸고, 이슬람교로 개종하여 간디 생전에 〈골치 아픈〉 아들로 낙인 찍혔던 것 같다. 따라서 이 제시문에는 하릴랄에 대한 간디의 속내가 고스란히 배어있다고 할 수 있다.

| 토론하기 |

〈토론 1〉 토론의 과정을 통해 다음 내용을 정리하고 언급된 항목들의 연관 관계를 이해하기 쉽도록-다양한 도해(圖解)의 형식으로-표현해 보자.

'투쟁의 방식' 이 효과적이다	'무저항의 방식' 이 효과적이다

도해

〈토론 2〉 토론의 과정을 통해 다음 내용을 정리하고 언급된 항목들의 연관 관계를 이해하기 쉽도록 다양한 도해(圖解)의 형식으로 표현해 보자.

제가는 치국평천하보다 앞서는 가치이다	치국평천하가 제가보다 앞선다

도해

〈토론 3〉 위의 〈조별 협동과제〉 1, 2 중 하나를 선정하여 타당성 여부를 검토한 후 찬성과 반대의 입장으로 나누어 토론해보자.

❶ 평가표

평가 내용	내용의 충실도	전달 방법의 적절성	표현의 효과	태도	합계	총 평
조						
조						
조						

❷ 발표를 들으면서 새롭게 이해 · 교정한 내용이 있으면 적어보자.

	새롭게 이해한 내용	비 고
조		
조		
조		

| 자전적 글쓰기 |

실현하지 못할 희망, 갈 곳 잃은 동경을 지니고 살아가는 것이 인간이다. 우리는 그 사실을 남에게 털어놓고 싶을 때가 있다. 외곬의 사람조차도 처음 만나는 사람에게 자기 이야기를 말로 표현하고 얼굴도 모르는 미래의 사람들에게 자기 이야기를 글로 남긴다. 선인들도 그랬다. 죽은 뒤 잊혀질 지 모른다는 불안감 때문에 자신의 이야기를 글로 남겼다.

자기가 살아온 이야기를 글로 적는 것을 자서전이라고 한다. 자서전은 자기 삶의 궤적을 고백하고 자기 인성의 형성과정을 성찰하는 문학이다. 서구에서는 자서전을 "자신의 인정의 역사를 중점적으로 말하는, 산문으로 쓴 과거 회상형의 이야기"라고 정의한다. 자신의 인성의 역사를 중점적으로 말한다든가, 과거 회상형이라든가 하는 지적은 대체로 적절하다. 하지만 회상형의 이야기를 산문으로만 쓸 이유는 없다. 운문이어도 좋다. 한문고전을 예로 든다면 굴원의《이소》는 자서전적 시이다. 근대 이후의 서구에서는 자서전이 대개 산문으로 지어졌으므로 자서전은 산문문학이라고 간주하게 된 것이 아닐까.

자서전이 자기 삶의 궤적을 고백한다거나 자기 인성의 형성 과정을 성찰한다고 할 때, 그 고백과 성찰의 대상이 되는 기간은 태어나면서부터 죽기까지의 전 생애를 포괄할 필요는 없다. 실제로 서구에서 나온 자서전들 가운데는 삶의 일정 기간이나 특정 단계만을 대상으로 한 것이 많다. 한자문화권에서 자기 삶을 회고한 시나 산문도 그러하다. 그렇다면 자서전이란 양식을 이렇게 정의하면 어떨까? 자서전이란 한 사람이 자신의 일생 가운데 일정한 기간을 단위로 삼아 자기가 겪은 일들을 서술해서 자신의 삶의 궤적으로 고백하고 자신의 인성 형성의 과정을 성찰하는 시와 산문을 말한다.

자서전을 적는다는 것은 자기 삶의 일정한 시간 그리고 공간을 스스로 구획하며 그 의미를 스스로 분석하고, 그것을 바탕으로 바로 지금의 삶을 새로 기획하는 것을 뜻한다. 자기의 행적을 현재의 시점에서 해부하기 위해서는 구획된 과거의 삶을 일정 기간만큼 회고해야 할 것이다.

자서전을 쓰는 일은 자기의 존재의의를 확인하는 가장 유력한 기획이다.

- 심경호, 『나는 어떤사람인가 : 선인들의 자서전』이가서,에서 발췌

❶ 간디는 모방 충동에 의해 담배를 피우게 되고 그것이 도둑질과 자살 시도로 이어진 아픈 기억을 진솔하게 고백하고 있다. 그리고 그 과정에서 간디는 아버지의 진한 사랑을 생생하게 체험하게 된다. 우리의 삶에서도 흔히 하나의 잘못된 판단이 연쇄반응을 일으켜 나쁜 결과를 낳는 경우를 종종 본다. 나의 삶에서도 하나의 충동이 잘못된 행동으로 이어지거나 부모나 가족, 이웃에 끼친 해악이 있었다면 고백서를 작성해보고 그 일을 통해 깨달은 아버지나 어머니의 깊은 사랑이 있다면 구체적으로 기록해 보자.

❷ 간디는 영국으로 유학을 가기 위해 어머니 앞에서 술, 여자, 고기를 금하겠다고 서약했다. 왜 이 세 가지를 금지하겠다고 했는지 이유를 생각해 보고 나의 꿈을 이루기 위해 자신이 지금까지 금지한 것이 있거나 금지해야 할 것을 세 가지 이상을 들어 한 편의 자전적 글쓰기 형태로 기술해 보자.

Tip 자기소개서란··

자기소개서는 특정한 기업의 입사를 위해 작성하는 일정한 의도를 가진 글이다. 따라서 자기소개서는 회사가 필요로 하는 적임자라는 요건이 인상적이면서도 충실하게 작성되어야 한다. 자기소개서가 인사담당자의 마음에 들지 않는다면 자신이 가진 능력을 보여줄 기회를 원천적으로 상실할 것이다. 취업하기를 원한다면 취업의 첫 관문인 자기소개서는 잘 써야 한다.

지원자들이 제출하는 자기소개서를 읽게 되는 것은 주로 각 회사의 인사 담당자들이다. 인사 담당자들이 자기소개서를 읽을 때 주목해서 보는 몇 가지 것들이 있다. 어느 조사 기관에 따르면 그 내용은 아래와 같다.

- 성격이 어떤가?
- 전공은 무엇이고, 전공 외에 관심을 두고 있는 것은 무엇인가?
- 업무에 잘 적응할 수 있는가?
- 비전이 있는가?
- 조직과 융화될 수 있는 사람인가?
- 사물을 긍정적으로 바라보는가?
- 소신과 주관이 뚜렷한가?

각각의 내용에 대해 모두 긍정적으로 답하라는 것은 아니다. 경우에 따라 나에게 부족한 부분도 있기 마련이다. 문제는 인사 담당자들이 알고 싶어 하는 내용을 염두에 두고 이에 대해 충분한 정보를 제공해 주어야 한다는 것이다. 이런 점을 바탕으로 좋은 자기소개서 쓰기의 요령을 간략히 정리하면 다음과 같다.

- 헤드라인을 달아라
- 진부한 표현은 피하고, 참신한 문구로 시작하라
- 이미지를 만들어라
- 구체적인 경험을 바탕으로 작성하라

• 자신의 장점은 최대한 부각하되, 단점도 장점으로 바꾸라
• 입사 지원 동기를 구체적으로 밝혀라

이러한 방식에 기초한 사례를 들어보겠다.

사랑은 세상을 밝히는 등불이다

"구석진 곳에 앉은 아이는 나의 존재 이유다." 제가 교직이 천직이라 믿고 교사의 길을 걸으려고 하면서 가슴에 새긴 금언입니다. 초등학교 다닐 때였습니다. 남루한 옷을 입고 늘 코찔찔이여서 친구들의 놀림을 독차지하던 친구가 있었습니다. 하루는 방과 후 늦은 청소를 마치고 집으로 돌아가던 길이었습니다. 빈 도시락을 가져오지 않았다는 사실을 깨닫자 내 발걸음은 교실로 다시 향하고 있었습니다. 복도를 들어섰는데 어디선가 서툰 풍금소리가 들렸습니다. 교실이 가까워질수록 풍금소리는 더 크게 들렸습니다. 교실 문을 열고 들어서려다 저는 멈춰 섰습니다. 바로 그 코찔찔이가 매우 즐거운 표정으로 서툴게 풍금을 치고 있었고, 그 곁에 무뚝뚝하기만 해서 늘 호랑이 선생님으로 불리던 담임선생님이 아주 인자한 모습으로, 옅은 미소를 머금은 채 흐뭇한 듯 그 아이를 보고 있었습니다. 선생님은 그렇게 방과 후 놀림감의 대상이었던, 그래서 세상에선 유일하게 자신의 그림자만이 친구일 것 같던 그 아이의 친구가 되어 주셨습니다. 그 아이는 초등학교 졸업식 때 눈물 머금은 졸업 노래를 반주하였습니다. 사랑은 소외된 아이의 좋은 친구입니다.

행동은 말의 거울이다.

저의 금언에 좋은 본이 되신 분이 있습니다. 제 아버지입니다. 고3 시절 이른 아침을 먹고 학교에 갈 때면 아버지는 무거운 제 가방을 들고선 학교 앞까지 꼭 동행해주셨습니다. 하루는 어느 슈퍼마켓 앞을 지나는데 껌 종이가 이리저리 날리고 있었습니다. 아버지는 주저 없이 그것들을 주워서 주머니 속에 넣었습니다. 그러시곤 한 말씀하셨습니다. "자신의 본분에 최선을 다하는 사람, 그 사람이 성공한 사람이다. 난 그저 공무원인 내가 마땅히 해야 할 최소한의 것을 했을 뿐이다."

아버지는 내가 넘어서야 할 큰 산입니다. 그리고 내가 묵묵히 따라 걸어야 할 산 속에 난 오솔길이며, 나를 비추는 거울입니다.

벽은 두드려야 열린다.

저는 제가 원하는 대학에 가지 못했다는 생각에 대학생활에 잘 적응하지 못했고 도피처를 찾는다는 기분으로 입대를 하게 되었습니다. 그때 저는 한 친구가 열심히 외국어 공부를 해서 장학생으로 유학을 갔다는 소식을 듣게 되었습니다. 저는 부럽기도 하고 무엇인가 조언을 얻을 것이 있지 않을까 해서 그 친구에게 편지를 썼습니다. 그 친구는 지금이라도 늦지 않았으니 다시 처음부터 시작하는 마음으로 노력해 보라는 내용의 답장을 보내왔습니다. 그 편지에 힘을 얻은 저는 그렇게 하겠노라는 약속을 담아 답장을 보냈고, 복학한 뒤 잊고 있었던 어릴 적 꿈을 이루어 보겠다는 다짐을 했습니다.

저는 어릴 적부터 교사가 되고 싶다는 꿈을 가지고 있었습니다. 저는 이 꿈을 이루고 싶었습니다. 대학을 졸업할 즈음 ㅇㅇ대학교 대학원에 특별전형으로 합격하였지만 꿈을 이루기 위해 이것까지 과감하게 포기하기로 마음먹었습니다. ㅇㅇ대학교 대학원을 포기하겠다는 말에 서운해 하시는 부모님께는, 나중에 지금보다 더 나은 대학원에 꼭 진학을 하겠다는 약속을 하고서 저는 영남대학교 문과대학 국어국문학과에 편입했습니다. 대학원 진학도 하고 싶었지만 누군가를 가르친다는 것이 저에게는 무엇보다도 큰 보람이라는 것을 확신했고, 또 제가 저 자신에게 했던 약속을 깨고 싶지 않았기 때문입니다.

영남대학교 문과대학 국어국문학과를 졸업한 다음 저는 좀 더 연구하는 교사가 되기 위해 영남대학교 교육대학원에 응시했습니다. 그리고 마침내 부모님께 약속했던 대로 영남대학교 교육대학원에 합격할 수 있었습니다. 이 모두가 약속에 충실하자는 제 신념의 결과가 아닌가 생각이 됩니다. 비록 처음에는 원하는 대학을 가지 못했지만, 제 자신과의 약속을 지키기 위해서 늦게나마 노력하여 마침내 결실을 맺게 된 것입니다.

쉼 없는 전진, 더불어 가는 미래

저는 교사가 되고 나서도 저와 했던 약속을 기억하며 계속 노력하고 저 자신을 계발시켜 나갈 것입니다. 21세기는 더더욱 전문가를 요구하는 사회가 될 것이라고 생각합니다. 그리고 교육 역시 전문직이라고 생각합니다. 저는 교사라는 전문인이 되기 위해서 더 넓고 깊은 공부를 해 보고 싶습니다. 제가 맡은 분야에서 최고가 되는 것은 저에게 배울 학생들에 대한 또 하나의 약속이라 생각합니다. 저는 제 전공 분야인 국어에서 국어 2급 정교사 자격증을 취득한 것은 물론 연계전공으로 한문교육 2급 정교사 자격증을 취득했습니다. 이것은 약속을 이루기 위해 이제까지 제가 노력한 결과물입니다. 저는 앞으로도 약속을 지키기 위해 열심히 노력할 것입니다. 제가 귀교에서 정식 교사로 임명이 된다면 스스로의 약속을 이루기 위해 제가 가진 모든 것을 쏟아 붓겠습니다.

❸ 위 글을 읽고 자기만의 특별한 소개서를 써보자.

◖ 함께 읽고 보기 좋은 자료 ◗

김구, 『백범일지』

이광수, 『나의 고백』

알베르트 슈바이처, 『나의 생애와 사상』

카트린 클레망, 이현숙 역, 『간디-위대한 영혼의 소유자』

제인 구달, 『희망의 밥상』

김종철, 『간디의 물레』

리처드 아텐버로우 감독, 〈간디〉

MBC다큐멘타리, 〈아마존의 눈물〉 등

제6장『아라비안나이트』를 읽고 쓰다

6 『아라비안나이트』를 읽고 쓰다

| 학습 목표 |

- 『아라비안나이트』를 읽고 타 문화에 대한 이해를 높이고, 삶의 지혜를 배운다.
- 『아라비안나이트』에 등장하는 일화와 자신의 경험을 대비해 보고, 인물들의 행동에 대해 자신의 견해를 이야기 한다.
- 자신의 경험을 토대로, 생활에세이를 작성한다.

| 작품 해설 |

●해제

『아라비안나이트』는 어린 시절부터 누구나 한 번 쯤은 접했던 책이다. 알라딘, 신밧드의 모험, 40인의 도둑 등 제목만 들어도 어린 시절 꿈과 환상의 세계로 돌아가는 듯, 흥미진진하고 매력적인 이야기는 독자를 매료시키기에 충분하다. 하지만 이런 이야기는 『아라비안나이트』의 극히 일부분에 지나지 않는다. 더구나 알려진 『아라비안나이트』는 본래의 이야기에서 각색된 것도 많다. 모두가 『아라비안나이트』를 잘 알고 있지만, 역설적으로 제대로 읽은 사람은 드물다는 것이다. 〈천일야화〉라 일컬어지는 『아라비안나이트』는 아름다운 샤라자드가 샤리야드 왕에게 목숨을 걸고 1001일 동안 밤마다 들려줬던 이야기로, 이야기의 총 수는 300편이 넘는다. 그 중 우리가 접한 이야기는 얼마나 될까. 이쯤 되면 『아라비안나이트』의 전모를 알고 싶지 않은가. 또 『아라비안나이트』가 세기를 넘어, 지역을 넘어, 식지 않는 인기를 쥐고 있는 비결이 궁금하지 않은가.

『아라비안나이트』는 중동지역에서 수십 년 수백 년 동안 떠돌던 이야기를 모은 아랍 민족의 설화집으로, 실제 우리가 접하고 있는 것은 18세기 무렵 프랑스나 영국에 의해 정착, 번역된 것을 재번역한 것이다. 사실상 『아라비안나이트』는 너무 다양한 이야기를 담고 있어 몇 마디로 그 성격을 설명하기는 어렵다. 『아라비안나이트』를 통해 아랍 문화, 이슬람 문화를 접할 수 있지만, 그 외의 요소도 배제할 수 없다. 아랍의 문화만이 아니라 다양한 문화가 혼재되어 있음을 쉽게 발견할 수 있기 때문이다. 뿐만 아니라 『아라비안나이트』에는 교훈적인 내용들만 있는 것이 아니다. 이 이야기에 흔히 등장하는 상당히(?) 외설적인 부분들, 반인륜적이고 반도덕적인 부분들은 어떻게 이해할 것인가. 책을 펼치다 보면 흥미와는 별도로 이러한 의문에 부딪히게 된다. 그렇다면 『아라비안나이트』가 명저인 이유는 무엇인가. 과연 작품의 매력은 어디에 있는가. 여기서 한 가지 제안을 하자면, 보다 열린 태도로 작품을 대하는 자세가 필요하다는 것이다. 단정하지 말고 어느 틀에 집어넣으려 하지 말고 300여 편이나 되는 이야기를 있는 그대로 바라보려고 해보라. 이 이야기는 아랍인의 이야기이면서 세계인의 이야기이고 또 우리의 이야기이기도하다. 그리고 수천 년 전의 이야기이면서, 18세기의 이야기이고, 또 현재의 이야기이기도 하기 때문이다.

●형성 및 전승

천일야화는 인도에서 시작된 40일 밤에 걸친 이야기가, 페르시아와 이집트를 거치면서 오늘날 1001 밤으로 늘어난 것이다. 오래 전부터 '열려져' 있는 성격을 지닌 이 책은 '1001밤' 으로 마무리 지워지지 않았다. 마지막 형태로 간주되어졌던 '천일야화' 는 일시적이었고, 곧 인류문학에 있어 그 책의 범주를 초월하게 되었다. 그것은 세계문학을 포함한 전 예술 영역에 영향을 미쳤을 뿐만 아니라, 아랍 문학가들로 하여금 고유한 문화 유산을 재발견, 조명하여 그들의 작품에 응용하게 만들었기 때문이다. 이렇게 천일야화가 계속 이어짐에 따라 그 본래의 많은 의미들이 왜곡되어 전달된 것도 사실이다. 그러나 이것은 과학적 발명, 정의, 민주주의와 같은 현대적 문제를 포함하는 새로운 차원을 천일야화에 덧붙이는 결과를 가져왔다.

• 조희선(명지대 아랍어과 교수), 「인류문학으로서의 천일야화」『韓國中東學會論叢』 9집에서 발췌.

| 읽고 생각하기 |

독서 노트

요약 · 정리하기

● **'누르 알 딘 알리와 바드르 알 딘 하산 부자 이야기'에 대해 다음을 작성해 보자.**

누르 알 딘 알리와 바드르 알 딘 하산 부자 이야기

사건 요약하기
다섯가지 교훈 정리하기
다섯 가지 교훈에 대한 자신의 의견 덧붙이기
자신이라면 어떠한 이야기를 남길 것인지 생각해 보기
첫눈에 반한 사랑과 온전한 사랑에 대해 생각해 보기

●아라비안나이트를 읽고 새롭게 알게 된 점을 자유롭게 정리해 보자.

●이 책의 진정한 가치는 어디에 있는지 생각해 보자.

| 토론하기 |

아래 제시문을 읽고, 자신의 경험에서 이와 비슷한 사례를 찾을 수 있을지를 생각해 보면서, 다음을 토론해 보자.

제시문 1 : 【샤리야르 왕의 슬픔으로부터 비롯한 천일야화】와
【샤리야르 왕 형제와 샤라자드 자매의 뒷이야기】

【샤리야르 왕의 슬픔으로부터 비롯한 천일야화】

【샤리야르 왕 형제와 샤라자드 자매의 뒷이야기】

1001일이 지나는 사이에 샤라자드는 샤리야르 왕의 씨를 받아 세 아들을 낳았다. 샤라자드는 샤리야르 왕 앞에 엎드렸다. "임금님, 천일하고도 하룻밤 사이에 저는 재미있는 이야기와 새겨들을 만한 교훈 따위를 들려드렸습니다. 이제는 제가 한 가지 부탁드려도 괜찮겠습니까?" 왕은 무슨 부탁이든 다 들어주겠다고 약속했다.

샤라자드는 세 아들을 불러들였다. "임금님, 이 아이들은 임금님의 핏줄입니다. 그러니 이 세 아이에게 주는 선물로, 제게 참수의 운명을 면하게 해주시어 부디 이 아이들이 어미 없는 고아가 되지 않게 해주십시오. 여자는 많지만 어미의 손으로 기르는 것만 못하니까요." 왕은 눈물을 흘리며 아이들을 가슴에 꽉 끌어안았다. "알라께 맹세코, 오, 샤라자드. 난 이미 이 아이들이 태어나기 전부터 그대를 용서하고 있었다. 그대가 깨끗하고, 정숙하고, 영리하며, 신을 공경하는 마음이 두텁다는 걸 알고 있었기 때문이다. 절대로 그대를 해치는 일은 하지 않을 것이다!"

왕이 맹세하자 샤라자드는 감격하여 왕의 손과 발에 입을 맞추었다. "임금께서는 여자 때문에 재난을 당해 큰 욕을 보셨으나 그 옛날의 코스로의 대왕들도 임금보다 훨씬 지독한 재난과 슬픈 불행을 맛보셨습니다. 그 이야기들 중에는 지각이 있는 사람에게는 좋은 훈계가, 현자에게는 훌륭한 가르침이 포함되어 있다고 생각합니다." 샤리야르 왕은 마음속에서 우러나오는 진심을 다해 샤라자드를 치하했다. "코스로의 역대 대왕조차 나보다 수십 배 더 심한 일을 당했으니, 앞으로는

목숨이 붙어 있는 한, 과거의 업보는 나 자신이 지기로 하겠다. 샤라자드는 비범한 재원이며 세상 어디를 뒤져도 이만한 여자를 찾아볼 수 없을 것이다. 그러니 이 여자를 통해 압제와 살육에서 백성을 구해내는 기틀로 삼으신 신을 칭송할지어다!"

이튿날 왕은 문무백관이 늘어선 가운데 샤라자드의 부친에게 은총을 내리고 치하했다. "그대는 품성이 고상한 딸을 아내로 주었다. 그 덕택으로 나는 무고한 백성의 딸을 죽이는 잘못을 깨닫고 후회하는 계기가 되었다. 알라의 은총을 칭송할지어다!" 이어서 왕은 짤막하게 샤라자드와의 일에서 과거의 비행을 깨닫고 자신의 행동을 뉘우쳤다는 것, 그래서 정식으로 샤라자드를 아내로 맞아 혼인계약서를 작성하겠다고 설명했다. 문무백관들은 이구동성으로 왕과 왕비를 축복했다.

왕은 결혼식을 준비하면서 사자를 보내 아우 샤자만 왕을 불렀다. 샤자만 왕은 지체 없이 형을 찾아왔다. 샤리야르 왕은 과거 3년 동안 샤라자드와 보낸 날들을 아우에게 들려주었다. 그녀에게 들은 속담, 우화, 연대기와 재담, 경구와 익살과 일화, 대담과 사화, 만가, 그 밖의 시가에 이르기까지 모두 들려주었다. 샤자만 왕은 크게 놀라며 감탄을 금치 못했다. "저는 형수님의 동생인 두나자드를 아내로 맞고 싶습니다. 그럼 우리는 동복의 형제요, 여자들은 동복의 자매가 되어 우리 사이는 한층 더 깊은 인연으로 맺어지게 될 것입니다." 샤리야르 왕은 기뻐하며 당장 샤라자드에게 뜻을 전했다. 샤라자드 역시 기뻐하며 환영했으나 한 가지 조건을 제시했다. "저는 한시도 동생과 헤어져서 살 수 없으니까 아우인 샤자만 왕도 여기서 함께 사셨으면 합니다." 샤자만 왕도 형과 헤어지기 싫어했으므로 샤리야르 왕은 쾌히 허락했다. 이리하여 샤라야르 왕과 샤라자드, 샤자만 왕과 두냐자드와의 혼인 계약서가 작성되고 결혼잔치가 열렸다. 샤자만 왕이 다스렸던 사마르칸드는 샤라자드의 아버지에게 맡기고 태수 다섯 명을 부관으로 삼아 보좌하게 하였다. 재상은 두 딸과 작별하고 사마르칸드로 떠났다. 두 왕과 두 왕비는 세상의 일락과 위안과 환희를 다하여 태평성대를 이어갔다.

후세에 지덕을 겸비한 고결한 군주 하나가 나타났다. 그는 항간에 전하는 이야기와 전설을 좋아했는데, 특히 왕후군주의 다스림과 그 업적과 언행을 다룬 이야기에 심취하였다. 그런 까닭에 어느 날 보물 창고에서 우연히 30권의 책을 발견한 왕은 진담기담과 희한한 갖가지 사담을 완전히 다 독파하고, 이 책에 완전히 매료되어, 전권을 베껴서 온 나라에 널리 퍼도록 명령했다. 이후 즉각 이 책들은 외국으로까지 퍼져나갔고, 그때부터 사람들은 이 책의 이름을 '천 하룻밤의 기담집'이라고 불렀다.

- 아라비안나이트 5권, 리처드 F 버턴 지음, 김하경 편역, 시대의 창, 345-348쪽

토론 1 이야기를 통해 어떤 사람들이 위로를 받을 수 있을지 생각해 보자.
왕이 상처를 푸는 방식에 대해 생각해 보자.
만약 자신이 왕이라면 어떤 식으로 해결해 갈지 생각해 보자.

토론 2 이야기 스토리텔링이 주는 효과와 문학 치료에 대해 생각해 보자.

제시문 2 : 【세 개의 사과에 얽힌 안타까운 비극】

사과 때문에 아내를 죽인 남편이야기

한 흑인 노예가 내가 사온 사과 하나를 들고 걸어가는 게 아닌가. 깜짝 놀라 뛰어나가 이 사과는 어디서 났느냐고 물었다. 노예는 자기 정부에게서 얻었다고 대답했다. "내가 여행을 마치고 돌아와 보니 여자는 병이 들어 누워있고 옆에 사과가 세 개 있습디다. 여자 말이 얼간이 남편이 바소라까지 가서 3디나르나 주고 사온 것이라기에 같이 먹고 마시고 놀다가 사과 하나를 갖고 나온 거요." ~ 중략 ~

그런데 집에 돌아오니 골목에서 큰 아들이 울고 있었다. 엄마 옆에 있던 사과 하나를 몰래 갖고 나와 집 앞에서 동생들과 놀고 있는데 덩치 큰 흑인이 나타나더니 사과를 뺏어갔다는 것이다. ~ 후략 ~

- 아라비안나이트 1권, 리처드 F 버턴 지음, 김하경 편역, 시대의 창, 117쪽

토론 1 오해로 아내까지 살인을 한 젊은이의 이야기에서 오해가 부른 비극이 젊은이의 죄를 가볍게 할 수 있을지 생각해 보자.

토론 2 젊은이가 아내를 죽인 것이 오해가 아니었다면 결론은 어떻게 달라질지 새로운 이야기 전개의 가능성에 대해 의견을 나누어 보자.

비록 자기 집 노예가 죽게 된 건 불행한 일이지만, 그 대신 자신의 목숨이 살아났다는 게 기쁜 나머지 자파르는 칼리파에게 사실을 알리고 용서를 빌었다. 칼리파는 세 개의 사과보다 더 기막힌 이야기를 한다면 체면을 봐서 목숨만은 살려주겠다고 말했다. 자파르는 흑인노예의 목숨을 살리기 위해 이야기를 시작했다. ~누르 알 딘 알리와 바드르 알 딘 하산 부자이야기 중략~

칼리파는 자파르의 이야기에 감동하여 흑인노예의 죄를 용서해주고, 칼리파의 한 노예계집을 골라 자기 아내를 죽인 젊은이와 결혼시킨 뒤 매달 봉록을 주었으며, 뒷날 술친구로 삼았다.

- 아라비안나이트 1권, 리처드 F 버턴 지음, 김하경 편역, 시대의 창, 119쪽

토론 1 재미있는 이야기를 들려줌으로써 자신의 죄를 용서받고 오히려 행복을 보장받는 유형에 대해 어떻게 생각하는지 생각해 보자.

토론 2 이슬람 사회의 성 이데올로기에 대해 조사해 보고, 현대적 의미를 짚어보자.

| 생활에세이 쓰기 |

●아라비안 나이트 각 편과 나의 경험을 연결하여, 한 편의 생활에세이를 써 보자.

생활 에세이 쓰기

생활 에세이는 비평적 에세이와는 달리 아마추어적이고, 문학과 비문학의 경계에 있는 에세이의 특징을 잘 드러내는 양식이다. 따라서 글쓰기에 다소 미숙한 사람(학생)들에게는 자기의 의식 상태를 개성적인 비전과 목소리로 표현하기 위한 가장 전략적인 방법이 될 수도 있다.

생활 에세이에서 가장 중요한 것은, 삶의 진실성을 나름대로의 독서와 사색이 뒷받침된 글로 표현하는 것이다. 그래야 독자에게 정서적으로 울림이 있는 인상

적인 글이 되기 때문이다. 사실 우리는 모두 '생활' 속에서 살고 있으며 그런 가운데 나름대로 남에게 해 주고 싶은 말이 많다. 자기만의 독특한 체험, 생각, 느낌은 물론이고, 남에게 들은 이야기도 다른 사람에게 이야기해주고 싶어진다. 이런 내용을 비교적 자유로운 형식으로 쓰는 것이 생활에세이다. 비록 과학적인 사실을 발견한 것도 아니고 대단한 예술적 독창성을 구현하지는 못해도, 고만고만한 사람들이 서로 낮은 목소리로 대화를 나누는 양식이라고나 할까?

생활 에세이의 범주에 드는 것들은 아주 많은데 글쓰기의 실제적인 면을 감안하여 대표적인 유형 몇 가지를 들어보기로 한다.

(1) 체험과 사색이 강조된 에세이

비교적 학생들이 쉽게 쓸 수 있는 유형의 생활 에세이는 자신의 체험을 바탕으로 하여 그에 따른 생각이나 느낌을 쓰는 유형이다. 이 체험은 독서가 될 수도 있고 여행이 될 수도 있고 아니면 일상의 조그마한 경험일 수도 있다. 흔히 독서가 중심이 되면 '독서감상문', 여행이 중심이 되면 '기행문'이라 하기도 한다. 이런 글에서 주의할 것은 지나치게 교훈적인 결론을 이끌어내려는 욕구이다. 앞부분에서의 절실한 체험이 뒷받침된 것이 아니라 다소 돌발적인 교훈으로 끝맺는 방식은 진솔한 자기 목소리와는 거리가 있어 보이기 때문이다. 아울러 지나치게 '안이한 반성'도 피해야 할 것이다. 앞서의 서술과 유기적이지 못한 채 쉽게 자기 반성으로 넘어가 버리는 것 또한 개성 있는 에세이와는 거리가 먼 것이 아닐 수 없다.

(2) 서정성이 강조된 에세이

일반적으로 교육 현장에서 많이 제공되어 온 에세이들이다. 구체적인 체험을 내세우지 않고 생활 속에서 보고 느낀 것을 자유로운 형식으로 써내려 간 것이다. 이런 유형은 때로는 '시적 서정'을 부각시키면서 '산문시'에 육박하는 경우도 있다.

(3) 서사성이 강조된 에세이

수필의 문학성이란 개성 있는 표현, 짜임새 있는 구성 등에서 주로 구현되는데, 특히 후자를 부각시켜 '단편 서사'를 이루는 경우가 있다. 물론 이 단편 서사의 뒤에는 소설이라는 거대 장르가 있는 바, 이런 에세이는 자기 혹은 타인의 이야기를 서사적 수법으로 쓰면서 소설적 성향을 보여주기도 한다.

《 함께 읽기 좋은 자료 》

『샤갈의 아라비안나이트』 리처드 F. 버턴 지음 김원중, 이명 옮김 마르크스 샤갈 그림 세미콜론.

『상식으로 꼭 알아야 할 세계의 전설』 아침나무 저, 삼양미디어.

『낙타선생 페르시아를 가다』 주태균 저, 한솜미디어.

『한국 구전 설화집』

『삼국유사』

7 『거대한 전환』을 읽고 쓰다

| 학습 목표 |

- 『거대한 전환』에서 말하는 시장 자본주의의 허구성과 최근 쟁점이 되고 있는 전 지구적 신자유주의의 실체를 알아본다.
- 『거대한 전환』에 대한 읽기를 정리하고 상호 논의하고 토론하는 과정을 경험한다.
- 토론 과정에서 나타난 다양한 입장을 정리하고 이를 토대로 자신의 입장을 비판적 에세이 등 다양한 글쓰기를 통해 표현한다.

| 해제와 저자 소개 |

●해제

최근 세계금융위기가 지속적으로 반복되고 신자유주의 경제체제가 한계에 부딪히면서 신자유주의 세계경제체제에 대한 근본적인 비판이 일어나고 있다. 칼 폴라니의『거대한 전환』은 바로 이 자유주의적 자본주의에 대해 근본적인 문제를 제기하고 있는 정치경제서라 할 수 있다. 이 책은 제2차 세계대전 중 쓰여졌지만(1944), 당대의 시장 자유주의자들과 지금의 신자유주의자들이 시장의 '자유' 와 '자기 조정' 을 강조하는 동일한 존재임을 밝혀내고, 그 해결책을 제시하고 있다는 점에서 최근 인문학에서도 뜨거운 관심을 받고 있다.

책은 크게 세 부분으로 구성되어 있다. 제1부와 제3부는 제1차 세계대전, 세계 대공황, 유럽 대륙에서의 파시즘 발흥, 미국에서의 뉴딜, 소련에서의 처음 5년간 경제 개발 계획 등의 사건을 낳았던 세계적 정세와 정치경제적 상황에 대한 설명을 하고 있다. 그리고 1815년에서 1914년에 걸쳐 상대적인 평화와 번영을 누리던 유럽이 왜 갑자기 세계대전에 빠져들었으며 어떻게 경제적 붕괴로 이어졌는가 의문을 제기하고 있다. 그리고 이 책의 핵심인 제2부는 그 수수께끼에 대한 칼 폴라니의 해답을 담고 있다.

그 핵심은 우리가 말하는 시장경제가 '전혀 도달할 수 없는 유토피아' 라는 것이다. 특히, 인간 · 자연 · 화폐를 '상품 시장' 에 맡겨둔다면, 결국 인간의 자유와 이상을 근본적으로 파괴하는 비극만을 낳을 것이라고 강조한다. 폴라니는 경제란 사회와 문화 속에 착근(embedded)된 것이며, 모든 시장이 자율적으로 균형을 찾아가는 자기 조정의 정치경제학은 현실에서 전혀 작동할 수 없다고 역설한다. 오히려 인간과 사회와 자연의 파멸적인 결과를 초래하는 자기조정 시장과 충돌하면서 반대하는 '이중적 운동' 이 우리 사회 속에서 일어나고 있다고 이 책은 설명하고 있다.

●저자 : 칼 폴라니

『거대한 전환』(The Great Transformation)의 저자 칼 폴라니는 오스트리아-헝가리의 수도 빈에서 태어났다. 부다페스트 대학교에 다닐 때, 헝가리 지성사의 중요한 지점이었던 '클럽 갈릴레이' 의 초대 의장으로 활동하면서 게오르크 루카치, 오스크카 자스지, 칼 만하임 등과 같은 저명한 사상가들과 교류하였다. 1908년 철학박사 학위를 받았고, 1912년에는 법학 대학원을 졸업했다. 1914년에는 헝가리 급진당의 창당을 도왔으며, 당 비서를 맡기도 했다.

이후 폴라니는 제1차 세계 대전에서 오스트리아-헝가리 군대의 기병대 장교로 복무했으나, 러시아 전선에서 폐결핵에 걸려 결국 헝가리로 돌아오게 된다. 하지만 전후 헝가리의 극우 반동세력의 쿠데타로 헝가리 소비에트 공화국이 수립되자, 빈으로 망명한다. 1924년부터 1933년까지 그는 오스트리아 대중경제(Der Oesterreichische Volkswirt)〉에 경제와 정치 논평을 쓰는 기자로 활동하면서, 구체적인 현실에서 유리된 추상적인 경제

모델을 제시하던 오스트리아 학파 경제학자들을 비판하기 시작한다. 그리고 1933년 독일에 나치가 집권하자, 다시 영국으로 망명한다. 이 때 폴라니는 영국 자본주의의 실상을 목격하고 시장경제가 인류사에 끼친 고통과 충격을 연구하기 시작한다. 1935년 『파시즘의 본질』을 출간하고, 1940년 미국 버몬트의 베닝턴 대학으로 이주한 뒤, 1944년 마침내 『거대한 전환』를 출간한다. 1947년 이후 미국 컬럼비아 대학 등에서 일반 경제사를 가르치며 『초기 제국의 교역과 시장』 등을 출간하였다. 아이슈타인, 사하로프 등과 『공존』(Coexistence) 란 잡지를 창간하기도 했다. 1964년 세상을 떠난 뒤 유작으로 『다호메이 왕국의 노예교역』(1966)과 『사람의 살림살이』(1977) 등을 남겼다.

| 읽고 생각하기 |

독서 노트

●**배경 지식 활용하기**

❶ 신자유주의에 대해 생각해 보기

-
-
-
-

❷ 신자유주의가 우리 사회에 미치는 영향

	신자유주의	사회적 영향
내용		

●**해설을 통한 선(先)이해**

『거대한 전환』은 세 부분으로 조직되어 있다. 제1부와 제3부는 제1차 세계 대전, 세계 대공황, 유럽 대륙에서의 파시즘 발흥, 미국에서의 뉴딜, 소련에서의 처음 5년간 경제 개발 계획 등의 사건을 낳았던 당시의 세계 정세에 초점을 두고 있다. 이 도입 부분 및 결론 부분에서 폴라니는 하나의 수수께끼를 던진다. 어째서 1815년에서 1914년까지 오랜 기간에 걸쳐 상대적인 평화와 번영을 누리던 유럽이 갑자기 세계대전에 빠져들고 그 다음엔 경제적 붕괴가 이어졌는가? 제2부-이 책의 핵심-는 그 수수께끼에 대한 폴라니의 해답을 제시한다. 19세기 초 영국 산업혁명의 시대로 되돌아가면서, 폴라니는 영국의 사상가들이 산업화 초기의 혼란에 대응하기 위해 인간 사회가 자기조정 시장에 순종해야 한다는 것을 핵심적 교리로 하는 시장 자유주의를 발전시키게 된 경위를 살펴본다. 영국이 '세계의 공장'

이라는 지도적 역할을 맡고 있었던 결과, 이러한 믿음이 세계 경제의 조직 원리가 되었다고 그는 설명한다. 제2부의 제11장에서 제18장에 걸쳐 폴라니는 시장 자유주의가 피할 수 없는 대응을 불러일으켰으며 그것은 사회를 시장으로부터 보호하고자 하는 일치된 노력이었다고 주장한다. 이러한 노력이 나타났다는 것은 곧 시장 자본주의가 의도한 대로 작동할 수 없으며, 지구 경제를 다스리는 제도들이 여러 나라의 내부 또 나라와 나라 사이에 점점 더 많은 긴장을 만들어내게 되었다는 것을 뜻한다. 폴라니는 제1차 세계대전으로 이어진 평화의 붕괴 그리고 대공황으로 이어진 경제 질서의 붕괴 모두가 지구적 경제를 시장 자유주의의 기초에서 조직하려 들었던 것의 직접적 결과라고 본다. 그 두 번째 '거대한 전환'-파시즘의 발흥-은 첫 번째 것-시장 자유주의의 발흥-의 결과라는 것이다.

- 칼 폴라니 지음, 홍기빈 옮김, 『거대한 전환』, 도서출판 길, 2009년, 36~37쪽

❶ 위의 내용을 읽고 핵심적 단어를 중심으로 그 내용을 정리해 보자.
(다른 자료를 참고할 것)

- 자기조정시장
- 시장 자유주의
- 파시즘의 발흥

●정리하기

[제시문 1]

노동 · 토지 · 화폐는 산업의 필수 요소이며, 이것들도 시장에서 조직되어야 한다. 사실 이 시장이야말로 경제 체제에서 다른 무엇보다도 중요한 부분을 형성한다. 그러나 토지 · 노동 · 화폐는 상품이 아니다. 매매되는 것들은 모두 판매를 위해 생산된 것일 수밖에 없다는 가정은 이 세 가지에 관한 한 결코 적용될 수 없다. 다시 말해서 상품에 대한 경험적 정의를 따르면, 이 세 가지는 상품이 될 수 없다. 노동이란 인간 활동의 다른 이름일 뿐이다. 인간 활동은 인간의 생명과 함께 붙어 있는 것이며, 판매를 위해서가 아니라 전혀 다른 이유에서 생산되는 것이다. 게다가 그 활동은 생명의 다른 영역과 분리할 수 없으며, 비축할 수도 사람 자신과 분리하여 동원할 수도 없다. 그리고 토지란 단지 자연의 다른 이름일 뿐인데, 자연은 인간이 생산할 수 있는 것이 아니다. 마지막으로 현실의 화폐는 그저 구매력의 징표일 뿐이며, 구매력이란 은행업이나 국가 금융의 메커니즘에서 생겨나는 것이지 생산되는 것이 아니다. 이들 어떤 것도 판매를 위해 생산되는 것이 아니다. 그러므로 노동 · 토지 · 화폐를 상품으로 묘사하는 것은 전적으로 허구이다.

- 칼 폴라니 지음, 홍기빈 옮김, 『거대환 전환』, 도서출판 길, 2009년, 243쪽

❶ '노동 · 토지 · 화폐는 상품이 아니다' 란 주장의 이유와 근거를 제시문과 함께 다른 자료를 찾아 구체적으로 정리해 보자.

❷ 노동 · 토지 · 화폐는 시장에서 실제로 판매되거나 구매되고 있다. 허구적인 상품이 시장에서는 실제 상품으로 유통되고 있는 것이다. 우리 주변에서 노동 · 토지 · 화폐가 어떤 방식으로 판매, 유통되고 있는지 위 제시문과 다른 자료를 참고하여 정리해 보자.

[제시문 2]

시장은 계속 팽창했지만 그 팽창 운동이 특정한 방향으로 퍼져나가는 것을 가로막는 반대 운동이 일어나 여기에 맞섰다. 이런 반대 운동이 사회를 보호하는 데

결정적인 역할을 했지만, 최종적으로 분석해볼 때, 이 운동은 시장의 자기조정 체제와 양립할 수 없었고, 따라서 시장 체제 자체와도 양립할 수 없었다.

시장 체제는 비약적으로 발전했다. 시간과 공간을 휘말아 넣으며, 은행권(bank note)을 창조함으로써 지금까지 듣도 보도 못한 엄청난 역동성을 낳았다. 1914년 무렵 발전이 최고조에 달했을 때 시장 체제는 아직 태어나지 않은 세대를 포함한 전 인류, 자연인은 물론 법인이라 불리는 거대한 허구적 인격에 이르기까지 지구의 모든 부분을 품고 있었다. 새로운 삶의 방식이 보편성을 주장하면서 전 지구로 확산되었다. 이는 실로 유례없는 일로서 오로지 기독교가 세계로 퍼져나가며 그 여정을 시작하던 순간 정도만이 비견될 수 있겠지만, 이번에 나타난 시장 체제의 확장 운동은 순전히 물질적인 차원의 일이라는 점에서 차이가 있었다.

하지만 그와 동시에 반대 운동도 일어났다. 물론 어떤 사회든 변화에 맞닥뜨리게 되면 보통 방어책 행동을 보이게 되는 법이지만, 이번에는 그것 이상이었다. 이번에 벌어진 혼란은 사회의 뼈대까지 공격해 들어오는 가운데 심지어 시장경제로 인해 새롭게 생겨난 생산 조직조차도 파괴할 만한 것이었으며, 당시에 벌어진 방어적 행동이란 바로 이러한 근본적인 공격에 맞선 반작용이었던 것이다.

로버트 오언이 진정한 혜안을 보여주었던 셈이다. 시장경제는 만약 그 자신의 법칙대로 진화하도록 내버려둔다면 거대하고 영구적인 악을 낳게 되는 것이었다. (중략)

따라서 반대 운동의 핵심은 생산 요소인 토지와 노동에 관한 시장의 활동을 억제하는 것이었다. 이것이 개입주의(interventionism)의 주요한 기능이었다.

- 칼 폴라니 지음, 홍기빈 옮김, 『거대한 전환』, 도서출판 길, 2009년, 377~378쪽

❶ 최근 시장경제의 전 지구적 확장에 반대하며 시장의 활동을 억제하는 다양한 운동이 일어나고 있다. 구체적으로 어떤 운동이 일어나고 있는지 책에서 찾아 정리해 보자.

❷ 로버트 오언 등 이상적 사회주의자들이 제시한 다양한 대안사회는 어떤 것인지 다른 자료를 참고하여 정리해 보자.

| 토론하기 |

●토론을 통해 다음을 정리해 보자

- 경제는 그 사회와는 분리된 독립적인 것인가(제5장, 제6장)
- 노동, 토지, 화폐를 상품화 할 수 있는가(제6장, 제14장, 제15장, 제16장)
- 시장경제의 '자기조정 기능' 은 무엇인가(제6장, 제17장)
- 사회의 재발견, 공동체의 가능성(제9장, 제10장)

●아래 언급된 항목들의 연관 관계를 이해하기 쉽도록-다양한 도해(圖解)의 형식으로-표현해 보자.

- 노동
- 토지
- 화폐

| 비평 에세이 쓰기 |

비평적 에세이란

생활 에세이의 감상성과 비논리성을 보완할 수 있는 것이 '비평적 에세이 '이다. 자기 체험에만 근거한 신변잡기로서의 에세이가 아닌, 사회생활의 다양한 국면에 관심을 갖는, 그리고 다양한 텍스트를 읽고 쓰는 그런 비평적 에세이가 필요한 것이다.

비평적 에세이에는 문화비평(문예비평), 사회비평, 인물 비평 등 그 내용에 따라 여러 종류가 있는데, 이 중 많이 쓰이는 것은 물론 문화비평(문예비평)과 사회비평이다. 이들은 '생활 에세이' 에 비해 작품이나 사회에 대한 상당한 수준의 식견이 필요하므로 좋은 비평을 위해서는 좀더 전문적인 공부가 필요하다. 그러나 학생들은 학생 나름의 식견으로 도전해 볼만한 글이기도 하다.

예)

거대한 전환은 19세기로부터 시작해서 1920년대에 절정에 이른 시장만능주의에 대한 비판이다. 시장의 단일 원리로 사회를 조직할 때 '최대 다수의 최대 행복'을 거둘 수 있다는 믿음은 도저히 상품화할 수 없는 인간, 자연, 화폐마저 '허구의 상품' 으로 만들어냈다. 물론 그 과정은 고전파 경제학자들의 주장대로 자연스러운 것이 결코 아니었고 기실 '국가계획' 에 의해 진행됐다. 영국의 1834년 구빈수정법(구빈법의 폐지와 노동시장의 확립), 1844년 필 은행법(금본위제의 채택과 중앙은행의 설립), 그리고 1846년 반 곡물법(자유무역주의의 채택)이 핵심 수단이었다. 이렇게 할 수 없는 일을 하는 것이 '이중의 운동' 의 첫 번째 운동이며 그 결과 사회는 파멸로 치달았다. 절체절명의 위기에 빠진 사회에서는 당연히 이를 막으려는 움직임이 나타나며 그것이 두 번째 운동이다. 이 두 번째 운동은 물론 사회운동(예컨대 노동조합과 최저임금법)이 핵심이지만 보수집단의 저항(예컨대 스피넘랜드법)이나 부작용을 막으려는 관료들의 실용적인 정책(예컨대 보호관세)도 모두 포함된다. 거대한 전환은 이러한 이중운동에 대한 경제사적 기술이며 시장자유주의의 허구성에 관한 이론적 증명이다.

두 번의 전쟁과 대공황으로 파국을 맞아 사멸했던 '시장 유토피아' 는 불행하게도 1980년대 이래 글로벌 차원의 신자유주의로 부활했다. 노동 상품화를 한층 진전시킨 노동시장의 유연화(예컨대 한국의 비정규직법), 자연의 상품화와 사적 소유권의 강화(예컨대 투자자국가제소권), 금융화의 급진전(자본의 완전한 자유이동과 무역자유화) 등이며 이는 워싱턴 컨센서스(개방, 민영화, 긴축), 그리고 이런 이념을 모든 나라에 강제하는 IMF의 대출조건과 WT0 설립(지적재산권, 서비스, 투자의 자유화), 그리고 개별 FTA로 최고조에 달했다.

또 다시 사회는 파국으로 치닫고 있다. 세계, 국가, 지역 등 각 차원에서 진행된 사회의 양극화, 인류의 절멸까지 우려하게 만드는 기후 온난화, 그리고 현재 진행중인 글로벌 금융위기와 미국 헤게모니의 쇠퇴가 그것이다. 물론 폴라니의 이중운동도 나타나고 있다. 노동 유연화에 대한 저항, 생태주의 운동, 1999년 시애틀에서 폭발한 신자유주의 반대 운동, FTA 반대 운동 그리고 현재 논쟁 금융규제 방안 및 IMF의 출자 구성 전환, 각국의 자연보호입법 및 사회보호 입법(예컨대 오바마의 건강보험 도입 정책) 등이 그것이다. 위기의 대안이 뚜렷하지 못할 때 발호한 파시즘의 가능성마저 폴라니의 시대를 닮았다. 과연 세계는 어디로 가는 것일까? 더욱이 한국에서 지금 이명박 정부가 밀어 붙이고 있는 비정규직법 개악, 4대강 살리기 사업은 말 그대로 "완전한 파괴로 향해 뛰어드는 것(plunges into utter destruction)"이다. 파국이 증명됐는데도 더더욱 시장만능의 정책을 사용하는 만큼 인간과 자연의 생명은 바야흐로 절벽 끝에 몰렸다.

- 정태인, 『창작과 비평』, 2009, 가을호, 일부)

●비평적 에세이 쓰기 과제

최근 한국 사회의 쟁점이 되고 있는 비정규직 문제는 폴라니가 말한 노동의 상품화와 관련된 문제이다. 이에 대한 비평적 글쓰기를 해 보자.

◖ 함께 읽기 좋은 자료 ◗

칼 폴라니/홍기빈 편역, 『 전 세계적 자본주의인가 지역적 계획경제인가 외 』

홍기빈, 『 아리스토텔레스, 경제를 말하다 』

김영진,『시장자유주의를 넘어서』

칼 폴라니/박현수 역,『사람의 살림살이1,2』

에드워드 파머 톰슨/나종일 외 역,『영국노동계급의 형성 상, 하』

부록

I 『백석 詩』를 읽고 쓰다

| 학습 목표 |

- 속도의 시대를 사는 우리가 시를 읽어야 하는 이유에 대해 생각해 본다.
- 『백석 시』 전편을 읽고 이를 바탕으로 문학적 감성을 기르고 정서를 배양한다.
- 백석 시에 나타난 '고향-사랑-외로움' 에 관한 정서를 이해하고 시적 공감을 해 본다.
- 다른 시인들의 시와 비교하며 상호텍스트 읽기를 해 본다.
- 공감을 바탕으로 한 편의 시를 써 본다.

| 해제와 저자 소개 |

●해제

백석은 모국어의 확장과 다양한 시적 기법의 활용이라는 점에서 한국현대시사의 새로운 영역을 개척한 시인이다. 평북 정주지역의 방언들과 토속적인 소재들을 통해 훼손되지 않은 농촌 공동체의 원형을 복원함으로써 일제강점기하의 민족적 정서, 면면히 내려오던 한민족의 삶의 모습을 형상화하였다. 그뿐만 아니라 백석은 우리말의 구문들을 다채롭게 활용함으로써 한국말의 묘미와 시적 아름다움을 탁월하게 보여주었으며, 정제된 형식의 시를 뛰어넘어 장황한 사설체나 이야기 형식을 시에 도입함으로써 우리 시의 새로운 미적 경지를 개척하였다. 아울러 그의 시는 시각을 비롯하여 청각, 후각, 촉각, 미각 등의 모든 감각을 동원하여 시적 대상과 교감함으로써 토속적인 생활정취를 생생하게 그려내었다. 특히 백석의 시는 서정적 주체의 자기 내면을 찬찬하게 응시하고 이를 섬세하고 투명한 언어에 담아냄으로써 삶의 슬픔과 고뇌를 감동적으로 그려내는, 육화된 서정의 절정을 보여주었다. 백석의 시는 우리에게 한국어의 아름다움과 시적 서정의 감동을 섬세하게 경험하게 해 줄 것이다.

백석이 생전에 발간한 시집은 ??사슴??이 유일하다. 1936년에 간행된 시집에는 독특한 방언과 개성적인 서정을 구사한 작품들이 다수 수록되어 있으며, 이 작품들을 관통하는 시적 방법은 객관화라고 할 수 있다. 백석은 고향의 민속과 풍물을 다루되 일정한 거리를 취하는 묘사나 이야기 형식을 통해 형상화함으로써 감정과 정서의 직접적인 노정을 피한다. 등단작인 「정주성」을 비롯하여 「고야」 「여우난곬족」 「나와 지렝이」 「여승」 「修羅」 「절간의 소 이야기」 「오금덩이이라는 곳」 등 35편의 작품이 『사슴』에 수록되어 있다. 『사슴』 이후의 작품들은 정서와 생각을 직접 술회하는 방향으로 전환된다. 이 시기에도 풍물을 기록한 기행시들이 다수 있지만, 이전과 달리 자신의 정서를 자연스럽게 피력하는 경향을 보인다. 「나와 나타샤와 당나귀」를 비롯하여 「내가 생각하는 것은」 「팔원」 「북방에서」 「국수」 「흰 바람벽이 있어」 「남신의주유동박시봉방」 「귀농」 「목구」 「조당에서」 그리고 〈통영 연작〉 등이 이에 속한다.

●저자

백석(1912~1995년 추정)은 1912년 평북 정주에서 『조선일보』의 사진반장을 지낸 부친 백용삼(백시박)과 모친 이봉우 사이에서 장남으로 태어났다. 본명은 기행(夔行)으로 알려져 있지만 기연(基衍)으로도 불렸으며 주로 백석(白石)으로 활동했다. 1918년 오산소학교와 1924년 오산고등보통학교를 거쳐 1930년 조선일보 후원장학생으로 도쿄 아오야마(青山) 학원 영어사범과에 입학하여 영문학을 전공하였다. 1930년 조선일보 작품 공모에 단편소설 「그 母와 아들」이 당선되어 등단하였다. 1934년 귀국 후 조선일보사에 입사하여 계열사 잡지인 『여성』, 이후 『조광』의 편집일을 담당하였으며, 1936년 조선일보에 「정주성」을 발표하고 시집 『사슴』을 간행하였다. 1937년 영생고보 교사로 취업하였고 같은 해 결혼하였다. 이후 만주와 경성을 오가며 측량보조원, 측량 서기를 비롯하여 세관과 광산 등지에서 일했으며, 해방 후 조선민주당의 조만식 선생의 통역비서로 일했다고 전해진다. 분단 후 김일성 대학에서 영어와 러시아를 강의하였으며 다수의 러시아 작가들의 작품을 번역하였다. 1963년에 사망했다고 알려졌지만, 최근 83세의 나이로 1995년 세상을 떠난 것으로 전해지고 있다.

| 읽고 생각하기 |

독서 노트

●첫 번째 테마 : 고향

읽기 요점 :

1) 고향의 존재가 시에서 서정성을 형성하는 원리를 이해한다.
2) 백석의 시에 나타나는 고향을 살펴보고 오늘날 우리의 삶에서 고향이 어떤 의미를 가질 수 있을지 성찰한다.
3) 고향의 심상을 구성하는 여러 가지 요소들을 확인하면서 시를 읽어간다.
4) 고향 의식의 상실과 회복에 대해 성찰한다.

[시 1]

고야(古夜)

아배는 타관 가서 오지 않고 산비탈 외따른 집에 엄매와 나와 단둘이서 누가 죽이는 듯이 무서운 밤 집 뒤로는 어늬 산골짜기에서 소를 잡어먹는 노나리꾼들이 도적놈들같이 쿵쿵거리며 다닌다

날기멍석을 져간다는 닭보는 할미를 차 굴린다는 땅아래 고래 같은 기와집에는 언제나 니차떡에 청밀에 은금보화가 그득하다는 외발 가진 조마구 뒷산 어늬메도 조마구네 나라가 있어서 오줌 누러 깨는 재밤 머리맡의 문살에 대인 유리창으로 조마구 군병의 새까만 대가리 새까만 눈알이 들여다보는 때 나는 이불 속에 자즈러붙어 숨도 쉬지 못한다

또 이러한 밤 같은 때 시집갈 처녀 막내고무가 고개 너머 큰집으로 치장감을 가지고 와서 엄매와 둘이 소기름에 쌍심지의 불을 밝히고 밤이 들도록 바느질을 하는 밤 같은 때 나는 아룻목의 삿귀를 들고 쇠든밤을 내여 다람쥐처럼 밝어먹고 은행여름을 인두불에 구워도 먹고 그러다는 이불 우에서 광대넘이를 뒤이고 또 누

어 굴면서 엄매에게 웃목에 두른 평풍의 새빨간 천두의 이야기를 듣기도 하고 고무더러는 밝는 날 멀리는 못 난다는 뫼추라기를 잡어 달라고 조르기도 하고

내일같이 명절날인 밤은 부엌에 쩨듯하니 불이 밝고 솥뚜껑이 놀으며 구수한 내음새 곰국이 무르끓고 방안에서는 일가집 할머니가 와서 마을의 소문을 펴며 조개송편에 달송편에 죈두기송편에 떡을 빚는 곁에서 나는 밤소 팥소 설탕 든 콩가루소를 먹으며 설탕 든 콩가루소가 가장 맛있다고 생각한다

나는 얼마나 반죽을 주무르며 흰가루손이 되여 떡을 빚고 싶은지 모른다

선달에 냅일날이 들어서 냅일날 밤에 눈이 오면 이 밤엔 쌔하얀 할미귀신이 눈귀신도 냅일눈을 받노라 못 난다는 말을 든든히 녀기며 엄매와 나는 앙궁 우에 떡돌 우에 곱새담 우에 함지에 버치며 대냥푼을 놓고 치성이나 드리듯이 정한 마음으로 냅일눈 약눈을 받는다

이 눈세기물을 냅일물이라고 제주병에 진상항아리에 채워두고는 해를 묵여가며 고뿔이 와도 배앓이를 해도 갑피기를 앓어도 먹을 물이다

— 『사슴』, 1936. 1.

[시 2]

가즈랑집

승냥이가 새끼를 치는 전에는 쇠메 든 도적이 났다는 가즈랑고개

가즈랑집은 고개 밑의
산너머 마을서 도야지를 잃는 밤 즘생을 쫓는 깽제미 소리가 무서웁게 들려오는 집
닭 개 즘생을 못 놓는
멧도야지와 이웃사촌을 지나는 집

예순이 넘은 아들 없는 가즈랑집 할머니는 중같이 정해서 할머니가 마을을 가면 긴 담뱃대에 독하다는 막써레기를 몇 대라도 붙이라고 하며

간밤엔 섬돌 아래 승냥이가 왔었다는 이야기
어느메 산골에선간 곰이 아이를 본다는 이야기

나는 돌나물김치에 백설기를 먹으며
녯말의 구신집에 있는 듯이
가즈랑집 할머니
내가 날 때 죽은 누이도 날 때
무명필에 이름을 써서 백지 달어서 구신간시렁의 당즈깨에 넣어 대감님께 수영을 들였다는 가즈랑집 할머니
언제나 병을 앓을 때면
신장님 단련이라고 하는 가즈랑집 할머니
구신의 딸이라고 생각하면 슬퍼졌다

토끼도 살이 오른다는 때 아르대즘퍼리에서 제비꼬리 마타리 쇠조지 가지취 고비 고사리 두릅순 회순 산나물을 하는 가즈랑집 할머니를 따르며
나는 벌써 달디단 물구지우림 동굴레우림을 생각하고
아직 멀은 도토리묵 도토리범벅까지도 그리워한다

뒤울안 살구나무 아래서 광살구를 찾다가
살구벼락을 맞고 울다가 웃는 나를 보고
밑구멍에 털이 몇 자나 났나 보자고 한 것은 가즈랑집 할머니다
찰복숭아를 먹다가 씨를 삼키고는 죽는 것만 같어 하로종일 놀지도 못하고 밥도 안 먹은 것도
가즈랑집에 마을을 가서
당세 먹은 강아지 같이 좋아라고 집오래를 설레다가였다

— 『사슴』, 1936. 1.

[시 3]

하답(夏畓)

짝새가 발뿌리에서 닐은 논드렁에서 아이들은 개구리의 뒷다리를 구어 먹었다

게구멍을 쑤시다 물쿤하고 배암을 잡은 늪의 피 같은 물이끼에 햇볕이 따그웠다

돌다리에 앉어 날버들치를 먹고 몸을 말리는 아이들은 물총새가 되었다

—『사슴』, 1936. 1.

〈물총새〉

※ 원전을 현대어 표기에 따라 옮김. 이하동일

읽기 과제

1) 고향이 풍속과 가족 구성원들과 연결되는 양상과 이유를 이해한다.

2) 고향이 유년의 기억 및 음식과 관련되는 양상을 살피는데, 다음 시 백석의 〈국수〉를 함께 읽는다.

> 눈이 많이 와서
> 산엣새가 벌로 나려 멕이고
> 눈구덩이에 토끼가 더러 빠지기도 하면
> 마을에는 그 무슨 반가운 것이 오는가보다
> 한가한 애동들은 어둡도록 꿩사냥을 하고
> 가난한 엄매는 밤중에 김치가재미로 가고
> 마을을 구수한 즐거움에 싸서 은근하니 흥성흥성 들뜨게 하며
> 이것은 오는 것이다
> 이것은 어늬 양지귀 혹은 능달쪽 외따른 산 넢 은댕이 예데가리밭에서
> 하로밤 뽀오한 흰 김 속에 접시귀 소기름불이 뿌우현 부엌에
> 산멍에 같은 분틀을 타고 오는 것이다
> 이렇은 아득한 녯날 한가하고 즐겁든 세월로부터
> 실 같은 봄비 속을 타는 듯한 녀름볕 속을 지나서 들쿠레한 구시월 갈바람 속을 지나서
> 대대로 나며 죽으며 죽으며 나며 하는 이 마을 사람들의 으젓한 마음을 지나서 텁텁한 꿈을 지나서
> 지붕에 마당에 우물든덩에 함박눈이 푹푹 쌓이는 여늬 하로밤
> 아배 앞에 그 어린 아들 앞에 아배 앞에는 왕사발에 아들 앞에는 새끼사발에 그득히 사리워 오는 것이다
> 이것은 그 곰의 잔등에 업혀서 길여났다는 먼 녯적 큰마니가
> 또 그 짚등색이에 서서 자채기를 하면 산 넘엣 마을까지 들렸다는
> 먼 녯적 큰아바지가 오는 것같이 오는 것이다
>
> 아, 이 반가운 것은 무엇인가
> 이 히수무레하고 부드럽고 수수하고 슴슴한 것은 무엇인가

겨울밤 쩡하니 닉은 동티미국을 좋아하고 얼얼한 댕추가루를 좋아하고 싱싱한 산
꿩의 고기를 좋아하고
그리고 담배 내음새 탄수 내음새 또 수육을 삶는 육수국 내음새 자욱한 더북한 삿
방 쩔쩔 끓는 아르굳을 좋아하는 이것은 무엇인가

이 조용한 마을과 이 마을의 으젓한 사람들과 살틀하니 친한 것은 무엇인가
이 그지없이 고담枯淡하고 소박素朴한 것은 무엇인가

—『문장』 제3권 4호, 1941. 4.

3) 고향과 관련되는 여러 가지 요소들이 백석의 시에서 어떻게 서정적 분위기를 고조하는가?

●**두 번째 테마 : 사랑**

읽기 요점 :

1) 시인의 삶과 시의 관련성에 대해 이해하며 시를 읽는다.
2) 대상에 대한 통찰을 바탕으로 새로운 의미를 발견한다.
3) 기억이 한 편의 시가 되는 과정을 안다.
4) 백석이 시에서 실현한 사랑을 각자가 지금 추구하는 사랑과 견주어 읽는다.

[시 1]

나와 나타샤와 흰 당나귀

가난한 내가
아름다운 나타샤를 사랑해서
오늘밤은 푹푹 눈이 나린다

나타샤를 사랑은 하고
눈은 푹푹 날리고
나는 혼로 슬쓸히 앉어 소주를 마신다
소주를 마시며 생각한다
나타샤와 나는
눈이 푹푹 쌓이는 밤 흰 당나귀 타고
산골로 가자 출출이 우는 깊은 산골로 가 마가리에 살자

눈은 푹푹 나리고
나는 나타샤를 생각하고
나타샤가 아니 올 리 없다
언제 벌써 내 속에 고조곤히 와 이야기 한다
산골로 가는 것은 세상한테 지는 것이 아니다
세상 같은 건 더러워 버리는 것이다

눈은 푹푹 나리고
아름다운 나타샤는 나를 사랑하고
어데서 흰 당나귀도 오늘밤이 좋아서 응앙응앙 울을 것이다

—『여성』 3권 3호, 1938. 3.

[시 2]

바다

바닷가에 왔드니
바다와 같이 당신이 생각만 나는구려
바다와 같이 당신을 사랑하고만 싶구려

구붓하고 모래톱을 오르면
당신이 앞선 것만 같구려
당신이 뒤선 것만 같구려

그리고 지중지중 물가를 거닐면
당신이 이야기를 하는 것만 같구려
당신이 이야기를 끊는 것만 같구려

바닷가는
개지꽃에 개지 아니 나오고
고기비늘에 하이얀 햇볕만 쇠리쇠리하야
어쩐지 쓸쓸만 하구려 섧기만 하구려

— 『여성』 2권 10호, 1937. 10.

[시 3]

통영(統營)

구마산의 선창에선 좋아하는 사람이 울며 나리는 배에 올라서 오는 물길이 반날
갓 나는 고당은 갓갓기도 하다

바람맛도 짭짤한 물맛도 짭짤한

전북에 해삼에 도미 가재미의 생선이 좋고
파래에 아개미에 호루기의 젓갈이 좋고

새벽녘의 거리엔 쾅쾅 북이 울고
밤새껏 바다에선 뿡뿡 배가 울고

자다가도 일어나 바다로 가고 싶은 곳이다

집집이 아이만한 피도 안 간 대구를 말리는 곳
황화장사 령감이 일본말을 잘도 하는 곳
처녀들은 모두 어장주한테 시집을 가고 싶어한다는 곳
산 너머로 가는 길 돌각담에 갸웃하는 처녀는 금이라든 이 같고
내가 들은 마산 객주집의 어린 딸은 난이라는 이 같고

난이라는 이는 명정골에 산다든데
명정골은 산을 넘어 동백나무 푸르른 감로 같은 물이 솟는 명정샘이 있는 마을인데
샘터엔 오구작작 물을 긷는 처녀며 새악시들 가운데 내가 좋아하는 그이가 있

을 것만 같고

내가 좋아하는 그이는 푸른 가지 붉게붉게 동백꽃 피는 철엔 타관 시집을 갈 것만 같은데

긴 토시 끼고 큰머리 얹고 오불고불 넘엣거리로 가는 여인은 평안도서 오신 듯한데 동백꽃 피는 철이 그 언제요

녯 장수 모신 낡은 사당의 돌층계에 주저앉어서 나는 이 저녁 울 듯 울 듯 한산도 바다에 뱃사공이 되어가며

녕 낮은 집 담 낮은 집 마당만 높은 집에서 열나흘 달을 업고 손방아만 찧는 내 사람을 생각한다

— 조선일보, 1936. 1. 23.

읽기 과제

1) 시에서 마음에 드는 표현을 찾아 밑줄을 그어보자.
2) 시인은 세상에 존재하는 모든 사물에 이름을 지어주는 자일 것이다. 다음 예문을 읽고, 사랑하는 사람에게 의미 있는 이름을 지어준 경험 (혹은 사물이나 자연에 이름을 붙여준 경험)과 그렇게 이름 붙인 이유와 그 이름을 부를 때 주는 정감에 대해 이야기해 보자.

하루는 호기심에 함흥 시내 번화가로 나들이 갔다가 일본인이 경영하는 히라다 백화점을 들어가보았다. 서울 못지않은 큰 규모에 물건도 비교적 풍부했다. 거기에는 특히 많은 책이 진열되어 있는 커다란 책방이 있었다.

이 서점에서 내가 평소에 애독하던 신간잡지 『문예춘추』와 『여원』 두 권을 사가지고 돌아서는데, 문득 『자야오가』라는 당시선집(唐詩選集)의 표지가 눈에 들어왔다. 나는 그 타이틀이 너무도 아름답고 또 낭만적인 느낌이 들어서 대뜸 사가지고 와서 당신께 보였다. 당신은 이를 반가이 받아들고 한참 동안 말없이 책장만 뒤적뒤적하였다. 그러더니 갑자기 의미심장한 미소를 머금고 눈빛을 반짝이며 나

를 물끄러미 보더니 이렇게 말했다.

"나 당신에게 아호(雅號)를 하나 지어줄 거야. 이제부터 '자야(子夜)' 라고 합시다!"

- 중략 -

이렇게 해서 나는 뜻밖에 당신으로부터 멋스런 아호를 하나 얻게 되었다. 이것은 참으로 두 사람 마음이 너무 일치했기 때문이 아니었을까. 나에겐 당신이 지어준 '자야' 라는 이름이 그 무엇보다도 진귀하고 소중한 선물이 아닐 수 없었다. 그날부터 '자야' 는 이 세상에서 우리들만이 알고, 오직 우리 둘만이 서로 통하는 나의 애칭이 되었다. 그 이름을 불러줄 수 있는 분은 이 세상에서 오직 당신 뿐이었다. 김자야,「당신만 아는 이름 '자야'」,『내 사랑 백석』, 문학동네, 1995.

3) 시 〈통영〉 에서 미각적 심상을 찾아보고, 그것이 주는 효과에 대해 생각해 보자. 아울러 이 시에서 음식과 관련된 시어가 많이 등장하는 이유에 대해 알아보자.

●세 번째 테마 : 외로움

읽기 요점:

1) 시인이 되기 위해 필요한 자질이 무엇인지에 대해 생각하며 읽는다.
2) 동일시와 투사 전략을 사용하여 시를 이해한다.
3) '가난하고 외롭고 높고 쓸쓸한' 삶에 대한 이해를 바탕으로 삶을 성찰하는 시간을 가 진다.
4) 시인이 시상을 이끌어가며 궁극적으로 지향하는 의미의 지점은 무엇인가를 생각하며 시를 읽는다.

[시 1]

흰 바람벽이 있어

오늘 저녁 이 좁다란 방의 흰 바람벽에
어쩐지 쓸쓸한 것만이 오고 간다
이 흰 바람벽에
희미한 십오촉 전등이 지치운 불빛을 내어던지고
때글은 다 낡은 무명샤쯔가 어두운 그림자를 쉬이고
그리고 또 달디단 따끈한 감주나 한잔 먹고 싶다고 생각하는 것은 내 가지가지 외로운 생각이 헤매인다
그런데 이것은 또 어인 일인가
이 흰 바람에
내 가난한 늙은 어머니가 있다
내 가난한 늙은 어머니가
이렇게 시퍼러둥둥하니 추운 날인데 차디찬 물에 손은 담그고 무이며 배추를 씻고 있다
또 내 사랑하는 사람이 있다
내 사랑하는 어여쁜 사람이
어늬 먼 앞대 조용한 개포가의 나지막한 집에서
그의 지아비와 마주앉어 대구국을 끓여놓고 저녁을 먹는다
벌써 어린 것도 생겨서 옆에 끼고 저녁을 먹는다
그런데 또 이즈음막하야 어늬 사이엔가
이 흰 바람벽엔
내 쓸쓸한 얼골을 쳐다보며
이러한 글자들이 지나간다
−나는 이 세상에서 가난하고 외롭고 높고 쓸쓸하니 살아가도록 태어났다
그리고 이 세상을 살어가는데

내 가슴은 너무도 많이 뜨거운 것으로 호젓한 것으로 사랑으로 슬픔으로 가득 찬다
그리고 이번에는 나를 위로하는 듯이 나를 울력하는 듯이
눈질을 하며 주먹질을 하며 이런 글자들이 지나간다
–하늘이 이 세상을 내일 적에 그가 가장 귀해하고 사랑하는 것들은 모두
가난하고 외롭고 높고 쓸쓸하니 그리고 언제나 넘치는 사랑과 슬픔 속에 살도록 만드신 것이다
초생달과 바구지꽃과 짝새와 당나귀가 그러하듯이
그리고 또 '프랑시쓰 쨈' 과 도연명과 '라이넬 마리아 릴케' 가 그러하듯이

— 『문장』 3권 4호, 1941. 4.

[시 2]

남신의주 유동 박시봉방(南新義州柳洞朴時逢方)

어느 사이에 나는 아내도 없고, 또,
아내와 같이 살던 집도 없어지고,
그리고 살뜰한 부모며 동생들과도 멀리 떨어져서,
그 어느 바람 세인 쓸쓸한 거리 끝에 헤매이었다.
바로 날도 저물어서,
바람은 더욱 세게 불고, 추위는 점점 더해 오는데,
나는 어느 목수네 집 헌 샷을 깐,
한 방에 들어서 쥔을 붙이었다.
이리하여 나는 이 습내 나는 춥고, 누긋한 방에서,
낮이나 밤이나 나는 나 혼자도 너무 많은 것 같이 생각하며,
딜옹배기에 북덕불이라도 담겨 오면,
이것을 안고 손을 쬐며 재 우에 뜻없이 글자를 쓰기도 하며,
또 문밖에 나가디두 않구 자리에 누어서,
머리에 손깍지벼개를 하고 굴기도 하면서,

나는 내 슬픔이며 어리석음이며를 소처럼 연하여 쌔김질하는 것이었다.
내 가슴이 꽉 메어 올 적이며,
내 눈에 뜨거운 것이 핑 괴일 적이며,
또 내 스스로 화끈 낯이 붉도록 부끄러울 적이며,
나는 내 슬픔과 어리석음에 눌리어 죽을 수밖에 없는 것을 느끼는 것이었다.
그러나 잠시 뒤에 나는 고개를 들어,
허연 문창을 바라보든가 또 눈을 떠서 높은 턴정을 쳐다보는 것인데,
이때 나는 내 뜻이며 힘으로, 나를 이끌어가는 것이 힘든 일인 것을 생각하고,
이것들보다 더 크고, 높은 것이 있어서, 나를 마음대로 굴려 가는 것을 생각하는 것인데,
이렇게 하여 여러 날이 지나는 동안에,
내 어지러운 마음에는 슬픔이며, 한탄이며, 가라앉을 것은 차츰 앙금이 되어 가라앉고,
외로운 생각만이 드는 때쯤 해서는,
더러 나줏손에 쌀랑쌀랑 싸락눈이 와서 문창을 치기도 하는 때도 있는데,
나는 이런 저녁에는 화로를 더욱 다가 끼며, 무릎을 꿇어 보며,
어니 먼 산 뒷옆에 바우섶에 따로 외로이 서서,
어두어 오는데 하이야니 눈을 맞을, 그 마른 잎새에는,
쌀랑쌀랑 소리도 나며 눈을 맞을,
그 드물다는 굳고 정한 갈매나무라는 나무를 생각하는 것이었다.

— 『학풍』, 1948. 10.

읽기 과제

1) 백석 시의 제목 가운데 마음에 드는 것을 찾고, 그 제목이 주는 효과에 대해 생각해 보자. 아울러 자신의 개성이 드러나게 시 제목을 바꾸어 보자.

2) 시인은 작고 사소한 것들에 대해 애착을 가지고 그것에서 새로운 의미를 발견하는 사람이다. 윗글에서 백석은 '시인은 슬픈 사람이며, 세상의 온갖 슬프지 안흔 것에 슬퍼

할 줄 아는 혼(魂)' 이라고 이야기한다. 자신이 생각하는 시인은 어떤 사람인가? 시인에 대한 정의를 내려 보자.

> 진실로 높고 귀한 것이 무엇인지를 알고 이것이 마음을 제사들오어 이것이 아니면 안심하지 못하고 입명(立命)하지 못하고 이것이 아니면 즐겁지 않은 때에 밖으로 얼마나 큰 간난(艱難)과 고통이 오는 것입니까? 속된 세상에서 가난하고 핍박을 받어 처량한 것도 이 때문입니다. ……높은 시름이 있고 높은 슬픔이 있는 혼은 복된 것이 아니겠습니까? 진실로 인생을 사랑하고 생명을 아끼는 마음이라면 어떻게 슬프고 서름차지 아니하겠습니까? 시인은 슬픈 사람입니다. 세상의 온갖 슬프지 안혼 것에 슬퍼할 줄 아는 혼(魂)입니다. "외로운 것을 즐기는" 마음도, 세상 더러운 속중을 보고 "친구여!" 하고 부르는 것도, "태양을 등진 거리를 다 떨어진 병정 구두를 끌고 휘파람을 불며 지나가는" 마음도 다 슬픈 정신입니다. 이렇게 진실로 슬픈 정신에게야 속된 세상에 그득찬 근심과 수고가 그 무엇이겠습니까? 시인은 슬프고 근심스럽고, 괴로운 탓에 이 가운데서 즐거움이 그 마음을 왕래하는 것입니다.
>
> 백석, 『만선일보(滿鮮日報)』(1940.5.9.), 「슬픔과 진실」에서

3) 아래 제시한 김수영의 시 〈달나라의 장난〉과 백석 시를 비교해서 읽고, 시인과 슬픔의 관련성에 대해 생각해 보자.

'영원히 나 자신을 고쳐가야 할 운명(運命)과 사명(使命)' 에 놓여 있는 시인의 처지에 대해 고민해 보고, 시인이 되기 위해 필요한 자질이 무엇인지에 대해 생각해 보자.

> **달나라의 장난**
>
> 김수영
>
> 팽이가 돈다
> 어린아이이고 어른이고 살아가는 것이 신기로워
> 물끄러미 보고 있기를 좋아하는 나의 너무 큰 눈 앞에서

아이가 팽이를 돌린다
살림을 사는 아이들도 아름다웁듯이
노는 아이도 아름다워 보인다고 생각하면서
손님으로 온 나는 이 집 주인과의 이야기도 잊어버리고
또 한 번 팽이를 돌려 주었으면 하고 원하는 것이다
도회 안에서 쫓겨다니는 듯이 사는
나의 일이며
어느 소설보다도 신기로운 나의 생활이며
모두 다 내던지고
점잖이 앉은 나의 나이와 나이가 준 나의 무게를 생각하면서
정말 속임 없는 눈으로
지금 팽이가 도는 것을 본다
그러면 팽이가 까맣게 변하여 서서 있는 것이다
누구 집을 가 보아도 나 사는 곳보다는 여유가 있고
바쁘지도 않으니
마치 별세계 같이 보인다
팽이가 돈다
팽이가 돈다
팽이 밑바닥에 끈을 돌려 매이니 이상하고
손가락 사이에 끈을 한끝 잡고 방바닥에 내어던지니
소리없이 회색빛으로 도는 것이
오래 보지 못한 달나라의 장난 같다
팽이가 돈다
팽이가 돌면서 나를 울린다
제트기 벽화 밑의 나보다 더 뚱뚱한 주인 앞에서
나는 결코 울어야 할 사람은 아니며
영원히 나 자신을 고쳐가야 할 운명과 사명에 놓여 있는 이 밤에
나는 한사코 방심조차 하여서는 아니 될 터인데

팽이는 나를 비웃는 듯이 돌고 있다
비행기 프로펠러보다는 팽이가 기억이 멀고
강한 것보다는 약한 것이 더 많은 나의 착한 마음이기에
팽이는 지금 수천 년 전의 성인과 같이
내 앞에서 돈다
생각하면 서러운 것인데
너도 나도 스스로 도는 힘을 위하여
공통된 그 무엇을 위하여 울어서는 아니 된다는 듯이
서서 돌고 있는 것인가
팽이가 돈다
팽이가 돈다

— 『자유세계』, 4월호

4) 시를 읽고서 사람에게 외로움의 심적 상태란 어떻게 하여 생겨나며, 외로움이 때로는 사람에게 왜 필요한가를 생각하며 읽자. 이 시의 궁극 지향점이 무엇인지를 찾아보자.

| 글쓰기 |

1-1) 오늘날 현대인에게는 고향의 상실 혹은 고향의 부재 현상이 뚜렷하다. 이 현상이 현대인의 심리나 정신 상태에 어떤 문제 상황을 유발하며, 그런 문제를 해결할 방안에 대해 글을 써 보자.

1-2) 각자 자신의 고향과 자신의 관계에 대해 글을 써 보자. 각자가 가진 고향의식은 각자의 삶에서 얼마나 중요하게 작용하였는지 소개하는 글을 써 보자.

1-3) 고향은 가족 구성원 및 고향 사람들과 긴밀하게 연결되어 있다. 시 1 〈고야 古夜〉와 아래의 두 편의 산문과 시를 연결시키면서 고향 사람들과 가족 구성원이 교직되는 양상에 대해 비평적 글을 써 보자.

> 아아! 누님이 갓 시집가서 새벽에 단장하던 일이 어제인 듯하다. 나는 그때 여덟 살이었다. 버릇없이 드러누워 말처럼 뒹굴면서, 신랑의 말투를 흉내 내어 더듬거리며 말했더니, 누님이 수줍어하다가 그만 빗을 내 이마에 떨어뜨렸다. 나는 성이 나서 패악을 부리며 분가루에 먹물을 섞고 거울에 침을 뱉어 댔다. 그러자 누님은 내게 옥압(오리 모양으로 새긴 옥비녀)과 금봉(금으로 벌 모양을 만들어 여자의 머리에 꽂는 장식물)을 꺼내 주며 울음을 그치라고 달랬다. 그때로부터 스물여덟 해가 되었구나
>
> — 박지원, 〈큰 누님을 사별하고〉

나는 북관에 혼자 앓어 누워서
어늬 아츰 의원을 뵈이었다
의원은 여래같은 상을 하고 관공의 수염을 드리워서
먼 녯적 어늬 나라 신선 같은데
새끼손톱 길게 돋은 손을 내어
묵묵하니 한참 맥을 짚드니
문득 물어 고향이 어데냐 한다
평안도 정주라는 곳이라 한즉
그러면 아무개씨 고향이란다
그러면 아무개씰 아느냐 한즉
의원은 빙긋이 웃음을 띠고
막역지간이라며 수염을 쓴다
나는 아버지로 섬기는 이라 한즉
의원은 또다시 넌즈시 웃고
말없이 팔을 잡어 맥을 보는데
손길은 따스하고 부드러워
고향도 아버지도 아버지의 친구도 다 있었다.

— 백석, 「고향」, 『삼천리문학』 2집, 1938. 4.

2-1) 위에 제시한 바다 사진을 보고 떠오르는 단어를 자유롭게 나열해 보자. 나열한 단어 중 하나를 선택하고, 그것을 바탕으로 (자신의 기억을 동반하여) 바다에 관한 한 편의 글을 써 보자.

2-2) 바다 사진 밖에서 일어나고 있는 일에 대해 자신의 상상력과 시적 표현을 동반한 한 편의 글을 써 보자.

2-3) '시보다 더 시 같은 노래' /시적 비유가 두드러지는 노래를 찾아 이에 대해 소개하는 글을 써 보자.

3-1) 지금 현재 내 앞에 '흰 바람벽이' 있다고 가정해 보고, '흰 바람벽' 에 지나갈 글자들에 대해 써 보자.

3-2) 세상을 살면서 가난하거나 외롭거나 높거나 쓸쓸한 대상을 보고 외로움을 느낀 경험에 대해 이야기해 보자. 그 경험을 바탕으로 한 편의 글(시)을 써 보자.

3-3) 백석 시 가운데 한 편을 고르고, 시에 대한 감상문(혹은 소개하는 글)을 자유롭게 써 보자.

3-4) 한 가지 대상에 대해 마음을 기울여 통찰해 보고, 이를 바탕으로 한 편의 시를 써 보자.

| 토론하기 및 심화 글쓰기 |

• 근대적 삶의 방식은, 고향의 산천에서 살아가며 고향 사람들과 지속적 관계를 맺으며 그 고향 산천에서 나온 음식 재료로 만든 음식을 먹으며 살아가는 토착적 삶을 부정한다. 이런 근대적 삶의 방식이 행복한 대안이 될 수 있는가에 대해 토론한다. 근대적 삶의 방식에 대한 부정적 견해가 형성된다면 그 대안은 어떤 것일 수 있을지 의견을 나눈다.

• 우리나라의 전통적 고향 공동체는 일본제국주의에 의해 먼저 훼손되었고 다음으로 한국사회의 근대화 과정에서 또 훼손되었다. 전통적 고향 공동체의 훼손과 파괴에 대해 어느 쪽이 더 큰 책임이 있는가에 대해 토론해 본다.

• 아래의 예문에서 롤랑 바르트는 '저자의 죽음' 에 대해 선언한다. 이에 대해 자신의 생각을 이야기 해 보고, 시를 읽을 때 시인의 위치에 대해 생각해 보자. 시를 시 그 자체로 읽는 방법과 시인의 삶과 경험을 바탕으로 읽는 방법 중 어느 것이 시를 이해하는 데 더 타당한지에 대해 토론해 보자.

> 저자란 중세를 벗어나자마자 영국의 경험주의와 프랑스의 합리주의, 종교 개혁의 개인적인 신앙과 더불어 우리 사회가 개인(individu)의 명성을, 좀더 고상하게 말한다면 〈인격〉(personne humaine)이라는 것을 발견한 후에 생산된 현대적인 인물이다. 그러므로 문학 안에서 저자의 〈인간〉(personne)에 최대의 중요성을 부여한 것이, 자본주의 이데올로기의 요약이지 귀결인 실증주의라는 것은 지극히 논리적이다. 저자는 아직도 문학사의 교과서나 작가의 전기, 잡지의 대담, 그리고 자신의 내적 일기에 의해 그들의 인간과 작품을 연결시키려는 문학가의 의식 속에서도 여전히 지배적이다. 일반적인 문화 안에서 발견되는 문학의 이미지는 가차 없이 저자, 그 인간 · 생애 · 취향 · 정념에 집중되어 있다. 비평 또한 대부분의 경우, 보들레르의 작품은 인간 보들레르의 실패이며, 고흐의 작품은 곧 그의 광기이며, 차이코프스키의 작품은 그의 악덕이라고 말한다. 이렇듯 작품의 설명은 언제나 작품을 만들어낸 사람 쪽에서 모색되어 왔다. 마치 다소간에 투명한 허구의 알레고리를 통하여 거기에는 결국 언제나 하나의 유일하고도 동일한 사람의 목소리가, 자신의 〈속내이야기〉를 털어 놓는 저자가 존재한다는 것처럼. 롤랑 바르트,
>
> 『저자의 죽음』, 『롤랑 바르트 전집 · 12-텍스트의 즐거움』, 東文選, 1997.

• 백석의 시는 평안북도 방언을 가장 많이 구사하고 경상남도와 전라남도의 방언도 구사한다. 시가 지역 민중과 민족 구성원의 정서를 구성하는 데 방언을 사용하는 것이 꼭 필요한가? 이를 확장하여, 세계화시대이면서 지방화시대인 오늘날 일상생활에서 방언 혹은 사투리와 표준말의 관계를 어떻게 설정해야 할 것인가? 이에 대해 토론해 보자.

• 박재삼의 시 〈울음이 타는 가을강〉에 나타난 시적 화자의 외로움과 백석 시에 나타난 화자의 외로움을 서로 비교해 보자.

울음이 타는 가을강

박재삼

마음도 한자리 못 앉아 있는 마음일 때
친구의 서러운 사랑 이야기를
가을 햇볕으로나 동무삼아 따라가면
어느새 등성이에 이르러 눈물나고나.
제삿날 큰집에 모이는 불빛도 불빛이지만
해질녘 울음이 타는 가을강을 보겄네.
저것 봐, 저것 봐,
네 보담도 내 보담도
그 기쁜 첫 사랑 산골 물소리가 사라지고
그 다음 사랑 끝에 생긴 울음까지 녹아나고
이제는 미칠 일 하나로 바다에 다 와가는
소리 죽은 가을강을 처음 보겄네

• 안도현의 시 〈그 드물다는 굳고 정한 갈매나무라는 나무〉를 읽고 백석 시와의 관련성에 대해 알아보자. 이를 바탕으로 두 시인이 가진 세계관을 비교해 보자.

그 드물다는 굳고 정한 갈매나무라는 나무

안도현

일생동안 나무가 나무인 것은 무엇보다도
그늘을 가졌기 때문이라고 생각해본 적이 있다
하늘의 햇빛과 땅의 어둠을 반반씩,
많지도 적지도 않게 섞어서
자기가 살아온 꼭 그만큼만 그늘을 만드는
저 나무가 나무인 것은
그늘이라는 것을 그저 아래로 드리우기만 할 뿐

그 그늘속에 누군가 사랑하며 떨며 울며 해찰하며
놀다가도록 내버려둘 뿐
스스로 그늘 속에서 키스를 하거나
헛기침을 하거나 눈물을 닦거나
성화를 내지 않는다는 점이
참으로 대단하다고 생각한 적이 있다
말과 침묵사이, 혹은
소란과 고요사이
나무는 저렇게
그냥 서있다
아무것도 가지지 않은 듯 보이는
저 갈매나무가 엄동설한에도 저렇게 엄하기만 하고
가진 것 없는 아버지처럼 서 있는 이유도
그늘 때문이다
그러므로 이제 빈한한 집안의 지붕 끝처럼 서 있는 저 나무를
아버지, 라고 불러도 좋을 것이다
때로는 그늘의 평수가 좁아서

때로는 그늘의 두께가 얇아서
때로는 그늘의 무게가 턱없이 가벼워서
저물녘이면 어깨부터 캄캄하게 어두워지던 아버지를
나무, 라고 불러도 좋을 것이다
눈 내려 세상이 적막해진다 해서
나무가 그늘을 만들지 않는 것은 아니다
쓰러지지 않는, 어떻게든 기립 자세로 눈을 맞으려는
저 나무가
어느 아침에는 제일 먼저 몸 흔들어 훌훌 눈을 털고
땅 위에 태연히 일획을 긋는 것을
보게 되는 날이 있을 터

■ 토론한 내용을 바탕으로 한 편의 글을 써 보자.

●함께 읽기 좋은 자료

백석 지음, 고형진 엮음, 『정본 백석 시집』, 문학동네, 2009.

백석 지음, 이동순 편, 『백석시전집』, 창비, 1987.

김자야, 『내 사랑 백석』, 문학동네, 1995.

안도현, 『외롭고 높고 쓸쓸한』, 문학동네, 2004.

Ⅱ 『문화의 수수께끼』를 읽고 쓰다

| 학습목표 |

- 『문화의 수수께끼』를 읽고 문화적 상대성의 원리에 기초하여 문화유물론의 시각에서 바라보는 문화적 현상의 해석의 특징이 무엇인지 살펴본다.
- 『문화의 수수께끼』의 각각의 에피소드에서 저자가 주장하는 핵심적인 내용이 무엇인지를 파악하여 정리해 본다.
- 『문화의 수수께끼』를 읽고 글쓰기를 학습한다. 문단과 화제의 개념을 알고 문단을 전개해 나가는 구체화와 합리화의 방법에 대해 알아보고 실제 문단을 통해 연습한다.

| 해제와 저자 소개 |

●해제

1974년에 출간된 『문화의 수수께끼』의 원제는 『암소, 돼지, 전쟁, 그리고 마녀 : 문화의 수수께끼Cows, Pigs, Wars and Witches; The Riddles of Culture』이다. 저자인 마빈 해리스는 이 책에서 여러 지역과 민족의 다양한 관습을 분석하되 그 원인을 철저히 물질적인 데서 찾는다. 이를테면 중동지역 사람들(이슬람교/유태교도)이 돼지고기를 금기하는 현상에 대해 그는 다음과 같이 설명한다. 돼지는 양이나 염소처럼 풀만 먹지 않고 주로 곡식을 먹기 때문에 인간과 먹이를 두고 경쟁하며, 그로 인해 키우는데 있어 다른 가축에 비해 더 많은 노력과 시간이 필요하다. 뿐만 아니라 돼지는 늘 촉촉하게 젖어있어야 하는 동물인데 기후가 건조한 중동의 낮 기온은 너무 높아서 돼지는 식용으로 사육하기에 생태학적으로 적합하지 않다. 이 때문에 고대 중동지역에서 돼지고기는 사치품이었으며, 그래서 돼지고기에 대한 욕망은 점점 커질 수밖에 없게 된다. 문제는 이러한 욕망이 사회적으로 많은 갈등을 불러일으키고 경제적으로 큰 손실을 가져온다는 데 있다. 돼지고기를 먹고 싶어하는 욕망이 커질수록, 사회적 금기의 필요성은 점점 증대되는 것이다. 이와 같은 욕망과 금기의 상관성은 근친상간이나 간통과 같은 성적 유혹들에 관해 많은 신들이 강력하게 관여하려는 이유를 설명해준다. 소규모의 사육은 돼지고기에 대한 유혹을 크게 하므로 돼지고기의 식용 자체를 금지하는 것이다. 유태교의 야훼와 이슬람교의 알라 신이, 돼지는 불결하니 먹지도 만지지도 말라고 한 이유가 바로 여기에 있는 것이다. 이방인의 눈에 비합리적으로 보이는 관습도 그 지역의 생태학적 관점에서 볼 때 극히 합리적인 기능과 역할을 한다는 깨우침은 문화인류학의 탁월한 성과이며, 『문화의 수수께끼』는 그것의 구체적인 사례를 보여주는 저작이라고 할 수 있다.

●**저자**

마빈 해리스(1927-2001)는 1927년 미국 뉴욕의 브루클린에서 태어났다. 1953년 컬럼비아대학교에서 철학박사 학위를 취득하고, 같은 해부터 1980년까지 컬럼비아대학교 인류학과에 재직하였으며 이후 2000년까지 플로리다대학교 연구교수를 역임하였다. 문화인류학자이자 문화유물론자로서 브라질 · 모잠비크 · 에콰도르 · 인도 등 세계 각지를 현지 답사하면서 문화유물론의 체계를 정립하였다. 특히 문화생태학적 측면에서 가족 제도와 재산, 정치와 경제 제도, 종교와 음식 등의 진화나 발전의 원인 · 결과를 추적하는 데 주력하였으며, 식민지주의의 영향과 저개발국가의 여러 문제, 인종과 민족의 관계 등에 대한 비교 문화 연구에도 각별한 관심을 보이는 등 20세기의 가장 뛰어난 문화인류학자 가운데 한 사람으로 꼽힌다. 주요 저서로는 『인류학 이론의 기원』(1968), 『문화의 수수께끼』(1974), 『식인과 제왕』(1977), 『문화유물론』(1979), 『음식문화의 수수께끼』(1985), 『음식과 혁명』(1998) 등이 있다.

| 읽고 생각하기 |

●『문화의 수수께끼』의 저술 방향과 의의

마빈 해리스의 문화의 수수께끼(1974)는 세계의 다양한 문화 중 우리가 궁금증을 지니고 있는 다양한 문화 현상에 대한 원인을 명쾌하게 밝히고 있는 책이다. 힌두교의 암소 숭배와 유태인과 무슬림의 돼지 혐오, 원시 사회에서의 전쟁의 의미와 그 원인, 남녀 불평등의 원인과 그로 인해 생겨난 생활 문화, 유령화물과 기독교적 메시아니즘, 마녀와의 관련성 등을 실증적, 경험적인 자료를 통해 에믹(emic)이 아닌 에틱(etic)의 관점에서 흥미롭게 해석하고 있다. 이 책의 내용을 파악하기 위해서는 문화 현상에 대한 작가의 접근 방식인 문화유물론의 관점에 대한 기본 개념을 알고 있어야 한다. 각 장은 독립된 하나의 주제로 이루어져 있지만 전체적인 글의 흐름으로 볼 때 몇 개의 장이 하나의 주제 아래에서 묶여져 있는 형태로 구성되어 있다. 예를 들어, 2장과 3장에서는 암소 숭배와 돼지 숭배 및 돼지 혐오에 대한 문화적 현상을 통해 문화 상대주의의 입장에서 현상을 이해하려고 하였으며, 4장과 5장에서는 원시전쟁의 의미와 전쟁이 일어나는 원인과 남녀 불평등과 관련한 현상을 자연스럽게 이어서 기술하고 있다.

독서 노트

읽기 과제

☞ 요약하기란?

요약하기는 독자가 글의 내용 중 주요 정보를 중심으로 글의 내용을 자신의 글로 재구성해보는 활동이다. 이 중 지도 작성하기는 글의 내용을 파악하고 글을 구조화할 수 있는 기본적인 읽기 전략 활동으로서 요약하기 단계 중 가장 기본이 되는 활동이다.

과제 1 『문화의 수수께끼』중 '2장 거룩한 어머니의 암소' 를 읽고 다음 지도를 작성해 보시오

〈지도 작성하기〉

1. 현실의 삶과 전통적 생활양식 • • •	2. 생태계 : 단절과 지속 • • •
문화의 수수께끼-2. 거룩한 어머니의 암소	
3. 금기의 근원 • • •	4. 관습에 대한 카스트간의 상이한 의미전달 • • •

과제 2 아래 제시문에서 중요한 내용을 확인하고 이를 중심으로 다음의 지도를 작성해 보시오.

각 지역에 흩어져 살고 있는 마링족의 하부 집단이나 씨족들은 모두가 각기 12년에 한 번 꼴로 돼지 축제를 베푼다. 이 축제는 거의 일년이나 계속되며, 준비단계, 작은 규모의 희생제, 마지막으로 대규모 돼지도살제 등이 포함된다. 마링족은 이 축제를 카이코(Kaiko)라고 부른다. 축제가 끝난 후에 두세 달 이내에 축제를 연 씨족은 적대관계에 있는 다른 씨족들과 전쟁을 하여 많은 사상자를 내며 영토를 빼앗기거나 적의 영토를 빼앗는다. 남아 있는 돼지들은 전쟁 동안에 드리는 제사에 바쳐진다. 전쟁을 하는 중에, 승자나 패자나 모두가 숭배하는 조상들에게 바칠 큰 돼지들은 거의 남아 있지 않다는 것을 깨닫게 된다. 그러면 전쟁은 갑작스럽게 종식되고 성역에 모여 '룸빔' (Rumbim)이라는 작은 나무들을 심는다. 성년이 된 씨족의 모든 남자들이 이 룸빔이라는 묘목이 따에 심어질 때, 그 나무 위에 손을 얹음으로써 이 의식에 참여한다.

전쟁 마술사(the War Magician)는 조상들에게 돼지를 다 잡아먹었다는 것과, 자신들이 전쟁에서 죽지 않고 살아 있음을 감사한다는 것을 아뢰는 주술을 왼다. 그는 전쟁이 끝났으면 룸빔이 땅에서 자라고 있는 한 다른 전쟁은 없을 것이라고 조상들에게 굳게 맹세한다. 그때부터 살아 있는 자들의 모든 생각과 노력은 돼지 사육에 집중된다. 자기 조상들에게 감사의 제사를 올릴 수 있을 장엄한 '카이코(축제일)' 에 대비하여 충분한 돼지무리를 키워놓은 때에만, 무사(武士)들은 '룸빔' 을 뽑고 전장(戰場)으로 나갈 생각을 하게 된다.

쳄바가(Tsembaga)라고 불리는 씨족을 상세하게 연구한 결과 라파포트 교수는 완전한 한 사이클 - 이속에는 카이코와 카이코 이후 전쟁, 룸빔의 식목, 새로운 돼지 사육, 룸빔의 벌채, 새로운 카이코 등으로 연속된다 - 은 단순히, 광란적인 돼지 사육자들의 심리극(心理劇, psychodrama)이라고만은 할 수 없는 것들을 지니고 있다고 했다. 그 한 사이클이 움직여가는 국면 국면이, 자율적으로 조절되는 복잡한 생태계내에서 통합되어 있는 것이다. 그 생태계는 쳄바가족이 사용할 수 있는 자원과 생산활동에 적당한 인구 수 및 가축 수의 규모와 그 분배를 적절하게 조절한다. (3. 돼지 숭배자와 돼지 혐오자)

- 마빈 해리스, 『문화의 수수께끼』, 한길사, 2006, 54~55쪽.

〈지도 작성하기〉

1. 카이코 • • •	2. 룸빔 • • •
3. 전쟁 • • •	4. 쳄바가 씨족의 연구 결과 • • •

돼지 숭배와 인간 문제의 해결

과제 3 다음 글을 읽고 물음에 답하시오.

마녀광란은 '결함이 있는 제도적 구조의 반성'과는 거리가 멀었고, 반대로 그 제도적 구조를 방어하는 필수적 수단의 하나였다. 이 점은 그 당시 마녀광란의 안티테제를 이루었던 전투적 메시아니즘과 마녀광란을 비교해보면 분명히 밝혀질 수 있다. 마녀광란이나 전투적 메시아니즘 운동은 모두 부분적으로나마 기존 교회의 지지를 받고 있었던 일반 종교적 주제들을 체현(體現)시키는 것들이었다. 그것들은 모두 기존의 생활양식상의 의식 위에서 생겨난 것들이었다. 그러나 그 둘의 결과는 서로 전혀 달리 나타났다. 전투적 메시아니즘은 가난한 자들과 무산자(無産者)들을 단합시켰다. 전투적 메시아니즘은 그들간의 사회상의 거리를 줄일 수 있는 집단 소명감을 주었고 서로 '형제와 자매'로 느낄 수 있게 했다. 이 사상은 유럽 전역의 대중들을 가동시킴으로써 그들의 에너지를 특정시간과 특정장소로 집중시켜 무산 영세대중과 사회의 정상에 있는 자들과의 대결로 유도해갔다. 이와 반대로 마법광란은 모든 저항할 수 있는 잠재에너지를 분산시켰다. 마법광란은 가난한 자와 무산자들의 저항운동의 가능성을 박탈하고, 서로간의 사회적 거리감을 조장시키며, 서로 의심하게 하고, 이웃끼리 싸우게 하며, 모든 사람들을 소외되게 했고, 모든 사람들을 공포에 몰아넣었으며, 불신을 고조시켰고, 무기력하게 만들었으며, 그 결과 지배계급에 의존하게 했으며, 단순한 지역적인 문제에 모든 사람들이 분노하고 좌절하게 했다. 이렇게 하여 마법광란은 부의 재분배와 사회계급 타파를 요구하고 교회제도와 사회제도에 대결할 수 있는 능력을 점점 더 가난한 자들로부터 박탈하였다. **마녀광란은 과격한 전투적 메시아니즘을 거꾸로 바꾸어 놓은 것이었다.** 마법광란은 사회 특권층의 마법적 총탄이었다. 바로 이것이 마녀광란의 감추어진 비밀이었던 것이다. (11. 미개족의 남성)

- 마빈 해리스, 『문화의 수수께끼』, 한길사, 2006, 224쪽.

1) 위의 글을 읽고 아래의 그림 지도를 채워 보시오.

1. 마녀광란	2. 전투적 메시아니즘
•	•
•	•
•	•

2) 위의 글에서 밑줄 친 문장의 의미에 대하여 이야기하여 보시오.

과제 4 다음 글을 읽고 밑줄 친 문장의 의미에 대해 이야기하여 보시오.

우리는 경찰력과 군사력을 배제한다는 의미가, 육체적인 힘에 의존하는 전투술을 배제하고 보다 개선된 전투술을 개발해내는 결과가 되어서는 안되고, 경찰력과 군사력 그 자체를 필요로 하지 않는 결과가 나타나기를 희망하자. **순수한 성혁명(性革命)의 결과가 핵미사일 부대장이나 핵부대 사령관직을 남성 아닌 여성이 장악하는 것이 된다면, 우리는 원시 야노마모족의 상태에서 벗어난 것이 별로 없는 상태가 될 것이다.** (5. 미개족의 남성)

- 마빈 해리스, 『문화의 수수께끼』, 한길사, 2006, 107쪽.

| 토론과 글쓰기 |

과제 1 문화의 수수께끼 중 '2. 거룩한 어머니의 암소' 를 읽고, 위의 글에서 밑줄 친 부분인 '자연환경적 요인' 에 초점을 두어 인도에서 암소를 숭배하게 된 원인이 무엇인지 구체적으로 무엇인지를 이야기하여 보시오.

마빈 해리스는 인류학 연구의 궁극적이니 목적은 '자의적' 인 관념론적 문화해석을 넘어서는 실증적, 경험적인 '문화과학' 을 확립하는 것이라고 했다. 그는 저서 『문화유물론: 문화과학을 위한 투쟁(Cultural Materialism: The Struggle for Sceince of Culture)』에서 문화유물론의 주요 분석틀을 제시하는 한편 문화유물론의 우수성을 입증하기 위해 관념론적인 여러 이론들과 변증법적 유물론을 비판하고 있다. .... (중략)....... 그러면서 그는 문화를 세 차원으로 분류한다. 첫째, 문화의 토대가 되는 하부구조는 생존기술이나 환경, 생태계 작업 양식 등이다. 이러한 하부구조의 토대 위에 둘째, 문화의 배경구조가 될 가정경제와 정치경제 등이 생성된다. 셋째, 이런 배경구조 위에 상부구조인 문화체계가 드러나게 된다. 우리는 이런 문화체계를 미술, 음악, 춤, 문학, 광고, 의식, 스포츠, 과학 등으로 나누어 부르곤 한다. 이러한 태도로 마빈 해리스는 중동의 돼지고기 금기, 인도의 소 숭배, 오스트레일리아 원주민의 화물숭배 등 언뜻 보기엔 단순한 종교현상으로 생각되는 여러 문화가 사실은 자연환경적 요인에 기인한다고 설명했다. (pp. 249-251)

김응교(2010), "다섯 가지 특징으로 문화 읽기", 『한국어와 문화』 제7집, 243-276쪽

과제 2 아래의 글을 참조하여 '문화의 수수께끼' 에서 저자인 마빈 해리스가 갖고 있는 문화적 다원성에 기반을 한 문화 상대주의에 대한 관점에 대하여 논하시오.

마빈 해리스의 '문화의 수수께끼' 는 이해되지 않는 다른 문화에 대한 지속적인 이해를 전제하고 있는 책이다. 다양한 문화가 존재하고 그 안에서 권력 관계가 형성되는 상황 속에서 다른 문화를 있는 그대로 이해하기란 쉽지 않다. 우리 문화에서는 용납할 수 없는 것이지만 그 문화도 나름의 의미가 있는 것이니 비난할 수

없다는 정도의 모호한 개방성이 우리의 기본적인 태도가 아닐까 싶다. 그러나 마빈 해리스는 도저히 이해되지 않을 것 같은 삶의 양식도 "성(性), 에너지 ,바람, 비등 손으로 만질 수 있을 정도로 구체적이고 보편적인 현상들로 이뤄져 있고, 그런 현상들에 근거를 두고 있다" 고 말한다. 즉 어떤 문화의 동의할 수 없는 현상 속에서도 이해할 수 있는 객관적인 근거들을 찾을 수 있다는 것이다. 따라서 지금까지 절대적인 잣대를 통해 문화의 우열을 따지거나 배타적이지는 않았으나 이해할 수도 없었던 다양한 문화에 대한 진정한 이해를 요구하는 것이다.

이러한 주장을 구체화하기 위해 마빈 해리스는 힌두교인들의 암소 숭배, 포트래춰, 마녀사냥 등 다양한 사례들을 제시한다. 암소를 죽이고 쇠고기를 먹는 것을 금하는 관행은 암소숭배로 말미암은 것이라는 점을 부인할 사람은 한 사람도 없을 것이다. 그러나 암소를 죽이고 우육(牛肉)을 먹는 것을 금하는 금기가 인간의 생존과 복지에 필연적으로 나쁜 결과를 가져온다고 생각하지는 않는다. (후략)

[심층 고전 읽기] 마빈 해리스 '문화의 수수께끼' (한국경제신문 2006년 5월 8일 기사)
http://www.hankyung.com/news/app/newsview.php?aid=2006050341341&intype=1

과제 2 아래의 글을 읽고 물음에 답하시오.

1) 진정한 평등주의적 사회에서는 왜 공개적으로 감사의 표시를 하지 않는지 설명하시오.

2) 현대 사회에서 '겸손' 은 어떠한 역할을 하고 있는지에 대해 이야기하여 보시오.

3) 일상 생활에서 '자만심' 때문에 중요한 일을 그르친 경우가 있다면 이야기하고 그 일을 통해 배운 점에 대해 이야기하여 보시오.

토론토대학교의 리차드 리(Richard Lee) 교수는 평등주의적 사회의 사냥꾼과 채집자 사이에 행해지고 있는 호혜적 교환이 지니고 있는 의미에 관해 재미있는 이야기를 한 가지 하고 있다. 리 교수는 일년의 대부분을 칼라하리 사막 주변에 살고 있는 '부시멘족' (Bushmen)을 따라다니며 그들의 식생활을 관찰했다. 리 교수는 부시멘족의 협조적인 태도에 감사하여 무슨 감사의 표시를 하고 싶었다. ... (중략) ... 리 교수는 야영지로 돌아와 자기는 생전 처음 본 거대한 몸집을 한 수소를 사놓았는데, 그것을 크리스마스 선물로 선사를 할테니 잡아먹으라고 부시멘 친구들에게 설명을 했다. ... (중략) ... 리 교수는 부시멘 친구들에게 다가가 이 소가 이 정도면 살찐 소가 아니냐고 물었다. "좋소, 물론 우리는 이 수소가 굉장히 좋은 고기를 제공하였다는 것은 알고 있소. 그러나 한 젊은이가 많은 사냥감을 잡게 될 때에 자신을 마치 대인이나 추장같이 여기게 되죠. 그리고 우리 나머지 사람들을 마치 자기의 종인 것처럼 생각하거나 자기보다 못한 사람들이라고 생각하게 되죠. 우리는 이 점을 인정할 수 없는 것이오." 그는 말을 이었다. "우리는 자랑하고 다니는 놈들을 거부합니다. 왜냐하면 그의 자만심이 언젠가 그로 하여금 누군가를 죽이게 하니까요. 그래서 우리는 항상 그가 잡아온 고기가 별 쓸모없다고 해주지요. 그래야만 그의 심장은 식게 되고 겸손하게 되지요."

6. 포트래취, 122-123쪽

과제 4 아래의 논제에 대해 답하시오.

- 호혜성 경제 체제가 붕괴되게 되는 과정을 재분배 방식과 관련하여 기술하시오.
- 대체로 원시사회에서 전쟁이 인구를 조절하는 효과적인 수단이라고 말할 수 있는 이유에 대해 설명하시오.
- 현대를 살아가는 우리에게 원시성은 진정 제거되었는가에 대해 토론하시오.

●함께 읽기 좋은 자료

마빈 해리스 『식인과 제왕』(Cannibals and Kings: The Origins of Cultures)(1977)
마빈 해리스 『문화유물론 : 문화과학을 위한 투쟁』(Cultural Materialism : The Struggle for Sceince of Culture)(1979)
마빈 해리스 『음식문화의 수수께끼』(The Sacred Cow and the Abominable Pig : Riddles of Food and Culture)(1985)

Ⅲ 『이기적 유전자』를 읽고 쓰다

| 학습 목표 |

- 『이기적 유전자』를 읽고 유전자의 관점에서 진화 과정과 생물의 행동에 대해 생각해 보고, 인간의 윤리성과 유전자는 어떤 관련을 맺고 있는지 생각해 본다.
- 책에 대한 이해를 바탕으로 다양한 쟁점들에 대한 발표와 토론을 수행한다.
- 글쓰기의 기초(주제 설정, 제재 수집)를 익힌다.

| 해제와 저자 소개 |

●해제

한 권의 책 때문에 인생관, 가치관, 세계관이 하루아침에 뒤바뀌는 경험을 한 적이 있는가? 내게는 '이기적 유전자' 가 바로 그런 책이다. 삶이란 무엇인가? 나는 과연 무엇을 위해 생겨났나? 언뜻 보면 내가 생명의 주체일 수밖에 없어 보인다. 내가 바로 숨을 쉬고 밥을 먹고 또 죽어갈 장본인이기 때문이다. 하지만 하버드대의 진화생물학자 에드워드 윌슨은 다음과 같이 말한다. "닭은 달걀이 더 많은 달걀을 만들기 위해 잠시 만들어낸 매체에 불과하다." 닭이 알을 낳는 것 같지만 사실 알이 닭을 낳는 것이다.

도킨스는 우리에게 삶을 바라보는 새로운 관점을 제시한다. 그에 의하면 살아 숨쉬는 우리는 사실 태초에서 지금까지 여러 다른 생명체의 몸을 통해 끊임없이 그 명맥을 이어온 DNA의 '계획' 에 따라 움직이는 기계일 뿐이다. 그래서 그는 DNA를 '불멸의 나선' 이라 부르고 그의 지령에 따라 움직일 수밖에 없는 모든 생명체를 '생존 기계' 라 부른다.

신하들을 풀어 불로초를 찾게 했던 진시황제도 결국 한 줌 흙으로 돌아갔다. 그의 몸을 구성하고 있던 100조 개의 세포 속에 들어 있던 DNA도 모두 사라지고 말았다. 그러나 그의 정자 속에 담겨 그의 자식의 몸으로 전달된 DNA의 일부는 아마 지금도 누군가의 몸속에 살아 숨쉬고 있을 것이다.

이처럼 유전자의 관점에서 바라본 생명은 영속성을 지닌다. 태초에는 보잘것없는 한낱 화학물질에 지나지 않았던 DNA는 단세포생물을 거쳐 오늘날에는 인간을 비롯한 모든 생명체의 몸속에 살아남아 면면히 그 역사를 이어가고 있다. 생명의 역사는 한마디로 DNA의 일대기 내지는 성공담에 지나지 않는다.

'호랑이는 죽어서 가죽을 남기고 사람은 죽어서 이름을 남긴다' 는 우리 속담을 이기적 유전자의 눈높이에서 다시 보면 '호랑이도 죽어서 유전자를 남기고 사람도 죽어서 유전자를 남긴다' 라고 할 수 있다. 유전자의 눈높이에서 바라보는 생명은 사뭇 허무해 보인다.

하지만 그 약간의 허무함을 극복하면 무한한 겸허함을 느낄 수 있다. 내가 내 생명의 주인이 아니라는 걸 받아들이면 내 생명은 물론 이 세상에 생명이 있는 것은 다 아름답다는 지극히 단순한 사실에 머리가 숙여질 것이다.

삶에 대한 회의로 밤을 지새우는 젊음에게, 그리고 평생 삶에 대한 회의를 품고 살면서도 이렇다 할 답을 얻지 못한 지성에게 '이기적 유전자' 를 권한다. 일단 붙들면 밤을 지새울 것이다. 그리곤 세상을 바라보는 전혀 새로운 눈으로 다음 날 아침을 맞을 것이다. 나는 내가 가르치는 모든 과목에서 이 책을 권한다. 적어도 이 책만큼은 읽어야 내게 강의를 들었노라고 말할 수 있다고.

'이기적 유전자' 로 인해 거듭난 이들에게 도킨스의 또 다른 명저 '확장된 표현형' 을 함께 권한다. 유전자의 표현형은 유전자를 다음 세대에 전달하는 도구이며 그 효과는 생명체의 몸 밖으로 확장되어 심지어 다른 생명체의 신경계 속으로까지 파고든다는 메시지를 전달한다.

도킨스는 현재 옥스퍼드대의 '과학대중화 석좌교수' 로서 현대적인 진화의 개념을 알리는 데 전념하고 있다. (최재천, 이화여대 에코과학부 석좌교수)

●저자

리처드 도킨스

클린턴 리처드 도킨스(Clinton Richard Dawkins, 1941년 3월 26일 ~)는 영국의 동물행동학자, 진화생물학자 및 대중과학 저술가이다. 그는 현재 옥스퍼드 대학교에서 "대중의 과학이해를 위한 찰스 시모니 석좌교수" 직을 맡고 있으며, 옥스퍼드 대학교 뉴 칼리지의 교수이다.

도킨스는 진화에 대한 유전자 중심적 관점을 대중화하고 밈이라는 용어를 도입한 1976년 저서 《이기적 유전자》로 널리 알려졌다. 또한, 1982년 그는 표현형의 효과가 유기체 자신의 신체만이 아니라 다른 유기체들의 신체를 포함한 넓은 환경으로 전달된다는 것을 보여준 저서 《확장된 표현형》으로 진화생물학계에서 폭넓은 인용을 받았다.

도킨스는 생물학 뿐만 아니라 무신론, 진화, 창조주의, 지적 설계론 및 종교에 대한 관심도 각별하다. 그는 창조주의와 지적 설계론에 대한 가장 적극적이고 단호한 비판가 중 한 사람이다. 1986년에 출판된 그의 책 《눈먼 시계공》에서 그는 시계공의 비유(복잡한 시계가 저절로 만들어질 수 없듯이, 복잡한 유기체들도 그들을 만들어낸 지성적 존재가 있어야 한다는 주장)를 비판하고, 진화의 과정이 어떻게 '눈먼' 시계공으로서 작용할 수 있는지를 설명하였다. 그 외에도 그는 여러 권의 대중과학서를 집필했고, 텔레비전이나 라디오 프로그램에 여러 차례 출연해서 위의 주제들을 다루기도 했다.

| 읽고 생각하기 |

독서 노트

●읽고 지침

- 유전자와 생명체의 관계가 어떠한지 유의하여 읽는다.
- '이기적 유전자' 의 관점에서 해석되는 예들에 대한 반례가 있는지 유의하며 읽는다.
- '이기적' 이라는 은유가 어떻게 사용되는지 유의하며 읽는다.
- 진화의 역사에서 유전자가 어떤 역할을 담당하고 있는지 탐색하고, '불멸의 유전자' 에 대항할 수 있는 방법으로는 무엇이 있는지 생각하며 읽는다.
- 저자가 주제로 세우고 제재를 수집하는 방식에 주목하여 주제와 제재가 어떠한지 유의하여 읽는다.

●지도 작성하기

과제 1

다음 제시문을 읽고 '이기주의, 이타주의' 개념과 정의에 적합한 사례를 수집하여 도표나 벤 다이어그램으로 작성해 보시오.

이기주의와 이타주의

이처럼 이타주의와 이기주의의 정의가 주관적인 것이 아닌 행동적이라는 사실을 이해하는 것이 중요하다. 여기서 행동의 동기에 대한 심리학에 관여할 생각은 없다. 이타적으로 행동하는 사람이 '정말로' 숨겨진 혹은 무의식적인 이기적 동기에 따라 그러한 행동을 하는지 안 하는지를 논의하려는 것이 아니다. 그들이 그렇든 아니든 우리가 그것을 알 수는 없기에 이 책에서 논의할 사항은 아니라고 생각한다. 다만 이 행위의 결과가 가상적 이타 행위자의 생존 가능성을 낮추고 동시에 가상적 수익자의 생존 가능성을 높여 주는 것을 이타 행위로 정의한다.

오랜 기간에 걸쳐 생존 가능성에 대한 행동의 효과를 증명하는 것은 대단히 어려운 일이다. 실제 문제로서 실재하는 행동에 정의를 적용할 때에는 '겉보기에' 라는 말에 한정해야 한다. 겉보기에 이타적 행위는 이타주의자의 죽을 가능성을 높이고, 동시에 수익자의 오래 살아남을 가능성을 높이는 것처럼 생각하게 하는 행위이다. 자세히 조사해 보면 이타적으로 보이는 행위는 실제로는 모양을 바꾼 이기주의적인 경우가 많다. 다시 말해서 근원적 동기가 숨어 있는 이기적 동기라는 뜻이 아니라 생존 가능성에 대한 행위의 실제 효과가 우리가 처음 생각한 것과는 반대라는 뜻이다.

검은머리갈매기와 사마귀

겉보기에 이기적 행동과 이타적 행동의 예를 몇 가지 들어 보자. 우리가 우리 자신의 종을 취급할 때에는 주관적으로 생각하는 경향이 있으므로 다른 종의 동물을 예로 들겠다. 우선 개체에 의한 이기적 행동의 여러 가지 예를 살펴보자.

검은머리갈매기는 커다란 집단을 이루어 집을 짓는데 둥지와 둥지 사이는 불과 수 미터밖에 안 된다. 갓 태어난 어린 새끼는 무방비 상태이기 때문에 포식자에게 먹히기가 쉽다. 어떤 갈매기는 이웃 갈매기가 먹이를 찾으러 집을 떠날 때까지 기다렸다가 그 둥지를 습격하여 어린 새끼를 삼켜버리는 경우가 흔히 있다. 그리하여 그 갈매기는 먹이를 잡으러 나가는 수고를 할 필요도 없이 자기 둥지를 지키는 동시에 풍부한 영양을 섭취할 수 있다.

더 잘 알려진 예로 암 사마귀는 동족을 잡아먹는 무서운 성질이 있다. 사마귀는 커다란 육식성 곤충으로 보통 파리와 같은 작은 곤충을 먹는데, 움직이는 것은 무엇이든 공격한다. 교미 시 수놈은 조심스럽게 암놈에게 접근하여 암놈을 올라타고 교미한다. 암놈은 기회를 포착하면 수놈을 잡아먹으려고 한다. 수놈이 접근할 때나 자신의 몸에 올라탄 직후, 혹은 떨어진 후에 우선 머리를 잘라먹기 시작한다. 암놈은 교미가 끝난 후에 수컷을 잡아먹는 것이 자신에게 가장 유리한 것일지도 모른다. 그러나 머리가 없다는 것이 수놈의 남은 몸통 부분의 성적 행위의 진행을 멈추게 하는 것 같지는 않다. 실제로 곤충의 머리는 억제 중추 신경의 자리이기 때문에 암컷은 수컷의 머리를 먹는 것으로 수컷의 성행위를 활발하게 할 수 있다. 만약 그렇다면 이것은 암놈에게 추가적인 이득이 되는 셈이다. 물론 가장 주요한 이득은 암컷이 좋은 먹이를 얻는 것이다.

일벌의 이타적 행동

일벌이 침을 쏘는 행위는 꿀 도둑에 대한 아주 효과적인 방어 수단이다. 그러나 침을 쏘는 벌은 육탄 특공대다. 쏘는 행위로 생명 유지에 필요한 내장이 보통 침과 함께 빠져 버리기 때문에 그 벌은 얼마 지나지 않아 죽게 된다. 벌의 자살적 행위가 집단의 생존에 필요한 먹이 저장을 수호했을지는 몰라도 일벌 자신은 그 이익을 누리지 못한다. 정의에 따르면 이것은 이타적 행위이다. 우리는 여기서 의식적인 동기에 관계하는 그 무엇도 말하고 있지 않다는 것을 기억해야 한다. 이 경우에도 또 다른 이기주의의 경우에도 의식적인 동기는 있을 수도, 없을 수도 있다. 그러나 그 동기는 우리의 정의와는 무관한 것이다.

경계음

친구를 위해서 생명을 버리거나 위험을 감수하는 것은 이타적 행동임에 틀림없다. 대부분의 작은 새는 매와 같은 포식자가 날아가는 것을 보면 독특한 '경계음'을 내는데, 이 소리를 듣고 무리 전체가 위험을 피하게 된다. 경계음을 내는 새는 포식자의 주의를 자신에게 끌게 하므로 특히 위험에 처할 수 있다는 간접적인 증거가 된다. 그것은 다른 새들보다 위험이 좀더 많은 것에 지나지 않으나 이 또한 언뜻 보면 우리의 정의에 따른 이타적 행위에 포함되는 것으로 보인다. (44-49쪽)

과제 2

『이기적 유전자』를 읽고 다음 표를 작성해 보시오.

개 체	유전자

| 토론과 글쓰기 |

과제 1 『이기적 유전자』에 나타난 '불멸의 존재, 유전자' 에 대한 관점을 설명하고, 이에 대한 자신의 견해를 정리하여 토론해 보시오. 토론한 결과를 바탕으로 주제문을 작성하고 제재를 수집해 보시오.

과제 2 아래 제시문은 '유전자의 이기성' 에 대해 서술한 부분이다. 여기에서 드러난 '유전자의 이기성' 으로 설명할 수 있는 생물의 행동에는 무엇이 있는지 정리하고, 이를 통해 설명하기 어려울 듯한 생물의 행동은 어떻게 이해할 수 있을지 자신의 생각을 정리하여 토론해 보시오. 토론한 결과를 바탕으로 주제문을 설정하고 제재를 수집해 보시오.

이기적인 새끼

많은 새끼 새는 둥지 속에서 부모로부터 먹이를 공급받는다. 새끼들이 큰 입을 벌리고 울어대면 어미새는 그들 중 한 마리의 입 속에 벌레나 또는 한입 거리의 먹이를 넣어 준다. 개개의 새끼가 질러 대는 소리의 크기는 그 새끼의 공복의 정도에 비례할 것이다. 그 결과 가장 큰 소리를 내는 새끼에게만 항상 먹이를 준다면 새끼들은 모두 공정한 분배를 받을 것이다. 왜냐하면 실컷 먹이를 먹은 새끼는 그다지 소리칠 필요가 없기 때문이다. 개체가 속이지만 않으면 적어도 생각할 수 있는 가장 이상적인 상태에서는 그와 같은 일이 발생할 것이다.

그러나 유전자의 이기성이라는 관점에서 보면 개체는 속이려 할 것이고 새끼들은 공복 상태에 관해 거짓 행위를 할 것으로 예상할 수 있다. 하지만 이 사기 행위는 점점 심해져서 분명히 무의미한 것에 이르고 말 것이다. 즉 모든 새끼가 매우 큰 소리를 질러가며 속이려 할 것이고, 결과적으로 이젠 이 큰 소리가 표준이 되어 소리만으로는 더 이상 거짓이 통하지 않을 것이다. 그러나 소리가 줄어들 가능성은 없다. 소리를 작게 하는 방향으로 진행을 시작한 개체는 급식량의 감소라는 형태로 즉시 불리하게 되어 굶어 죽을 가능성이 크기 때문이다. 새끼의 소리가 한없이 커질 수만은 없는 다른 이유가 있다. 이를테면 큰 소리는 포식자를 끌어들이기 쉽고, 또 에너지 소모도 크다.

열등한 새끼

이미 말했듯이 한배 자식 중 한 마리가 특히 작은 경우가 있다. 대개 이런 새끼는 다른 형제들처럼 힘차게 먹이를 다투지 못하고 죽어 버리는 경우가 많다. 우리는 지금까지 어떤 조건들 아래에서 이와 같은 새끼는 죽게 놔두는 것이 어미에게 시례로 이익이 되는가를 고찰하였다. 우리는 직관적으로, 제대로 자라지 못한 새끼 자신은 최후까지 살려는 노력을 계속한다고 가정할지 모른다. 그러나 이기적 유전자론에 비추어 볼 때 반드시 이와 같을 것이라고 예측할 수 없다. 제대로 자라지 못한 작은 새끼의 여명은 소형화, 쇠약화로 짧아져서 부모의 투자나 그에게 주는 이익이 같은 양의 투자에 의해 다른 아이들이 획득할 수 있는 이익의 1/2 이하로 되면 그는 스스로 기꺼이 명예로운 죽음을 선택해야 할 것이다. 이처럼 하는 것이 자기의 유전자에게 가장 크게 공헌할 수 있기 때문이다.

다시 말해서 "몸아, 만일 네가 다른 한배 자식 형제보다 훨씬 작았다면 바둥거릴 것 없이 죽어라."라는 지령을 내리는 유전자가 유전자 풀 속에서 성공할 수 있다는 것이다. 그의 죽음에 의해 구조되는 개개의 형제자매의 몸에는 그의 유전자가 50%의 확률로 들어 있고, 한편 제대로 자라지 못한 그의 체내에서 그 유전자가 살아남을 가능성은 어쨌든 극히 작다는 것이 그 이유이다. 제대로 자라지 못한 아이의 생애에는 회복이 불가능하게 되는 시점이 분명히 있다. 이 시점에 이르지 않는 한 그는 살려는 노력을 계속해야 한다. 그러나 그 시점에 달하면 그는 즉시 노력을 포기하지 않으면 안 된다. 그리고 자기의 몸을 한배의 형제나 부모에게 먹히고 마는 편이 더 낫다.

랙의 한 둥지의 알 수 이론을 논할 때에는 언급하지 않았는데, 그 해의 한 둥지의 최적 알 수가 몇 개인지 미리 정하지 못한 어미에게는 다음과 같은 전략이 타당한 전략이 된다. 즉 어미가 진짜 알맞은 수이겠지 하고 '생각하는' 알 수보다 1개만 더 여분으로 산란하는 것이다. 이렇게 할 경우, 만일 그 해의 먹이가 예상보다 좋은 것을 알게 되면 어미는 여분의 새끼를 키울 수 있을 것이다. 반대로 먹이가 예상보다 적으면 손실을 줄일 수 있다. 새끼에게 먹이를 항상 같은 순서, 이를테면 크기 순서대로 나누어 준다면, 어미는 나머지 한 마리, 아마도 발육이 미숙한 새끼를 빨리 죽게 하여 그를 위한 난황 또는 이에 상당하는 초기 투자를 초과하여 과잉 음식물을 크게 낭비하는 것을 피할 수 있다. 이것은 어미의 관점에서 본 발육 미숙아 출현 현상의 설명일지 모른다. 이때의 미숙아는 어미가 짜 놓은 도박의 손실 회피 수단이 되는 것이다. 이 현상은 많은 조류에서 관찰되고 있다. (237-239쪽)

◖ 함께 읽기 좋은 책과 자료 ◗

리처드 도킨스, 『확장된 표현형』
에르빈 슈뢰딩거, 『생명이란 무엇인가 정신과 물질』
로얼드 호프만, 『같기도 하고 아니 같기도 하고』
장대익, 『다윈의 식탁』

Ⅳ 한글맞춤법과 표준어 규정

| 한글 맞춤법 |

제1장 총 칙

제 1 항 한글 맞춤법은 표준어를 소리대로 적되, 어법에 맞도록 함을 원칙으로 한다.

제 2 항 문장의 각 단어는 띄어 씀을 원칙으로 한다.

제 3 항 외래어는 '외래어 표기법'에 따라 적는다.

제2장 자 모

제 4 항 한글 자모의 수는 스물넉 자로 하고, 그 순서와 이름은 다음과 같이 정한다.

ㄱ(기역)	ㄴ(니은)	ㄷ(디귿)	ㄹ(리을)	ㅁ(미음)
ㅂ(비읍)	ㅅ(시옷)	ㅇ(이응)	ㅈ(지읒)	ㅊ(치읓)
ㅋ(키읔)	ㅌ(티읕)	ㅍ(피읖)	ㅎ(히읗)	
ㅏ(아)	ㅑ(야)	ㅓ(어)	ㅕ(여)	ㅗ(오)
ㅛ(요)	ㅜ(우)	ㅠ(유)	ㅡ(으)	ㅣ(이)

[붙임 1] 위의 자모로써 적을 수 없는 소리는 두 개 이상의 자모를 어울러서 적되, 그 순서와 이름은 다음과 같이 정한다.

ㄲ(쌍기역)	ㄸ(쌍디귿)	ㅃ(쌍비읍)	ㅆ(쌍시옷)	ㅉ(쌍지읒)

ㅐ(애) ㅒ(얘) ㅔ(에) ㅖ(예) ㅘ(와)
ㅙ(왜) ㅚ(외) ㅝ(워) ㅞ(웨) ㅟ(위)
ㅢ(의)

[붙임 2] 사전에 올릴 적의 자모 순서는 다음과 같이 정한다.

자음 ㄱ ㄲ ㄴ ㄷ ㄸ ㄹ ㅁ ㅂ ㅃ ㅅ ㅆ ㅇ ㅈ ㅉ ㅊ ㅋ ㅌ ㅍ ㅎ

모음 ㅏ ㅐ ㅑ ㅒ ㅓ ㅔ ㅕ ㅖ ㅗ ㅘ ㅙ ㅚ ㅛ ㅜ ㅝ ㅞ ㅟ ㅠ ㅡ ㅢ ㅣ

제 3 장 소리에 관한 것

제1절 된소리

제 5 항 한 단어 안에서 뚜렷한 까닭 없이 나는 된소리는 다음 음절의 첫소리를 된소리로 적는다.

1. 두 모음 사이에서 나는 된소리

소쩍새 어깨 오빠 으뜸 아끼다 기쁘다 깨끗하다
어떠하다 해쓱하다 가끔 거꾸로 부썩 어찌 이따금

2. 'ㄴ, ㄹ, ㅁ, ㅇ' 받침 뒤에서 나는 된소리

산뜻하다 잔뜩 살짝 훨씬 담뿍 움찔 몽땅 엉뚱하다.

다만, 'ㄱ, ㅂ' 받침 뒤에서 나는 된소리는, 같은 음절이나 비슷한 음절이 겹쳐 나는 경우가 아니면 된소리로 적지 아니한다.

국수 깍두기 딱지 색시 싹둑(~싹둑) 법석 갑자기 몹시

제2절 구개음화

제 6 항 'ㄷ, ㅌ' 받침 뒤에 종속적 관계를 가진 '-이(-)'나 '-히-'가 올 적에는 그 'ㄷ, ㅌ'이 'ㅈ, ㅊ'으로 소리나더라도 'ㄷ, ㅌ'으로 적는다.(ㄱ을 취하고, ㄴ을 버림)

ㄱ	ㄴ	ㄱ	ㄴ
맏이	마지	핥이다	할치다
해돋이	해도지	걷히다	거치다
굳이	구지	닫히다	다치다
끝이	끄치	묻히다	무치다
같이	가치		

제3절 'ㄷ' 소리 받침

제7항 'ㄷ' 소리로 나는 받침 중에서 'ㄷ' 으로 적을 근거가 없는 것은 'ㅅ' 으로 적는다.

덧저고리 돗자리 엇셈 웃어른 핫옷 무릇 사뭇
얼핏 자칫하면 뭇[衆] 옛 첫 헛

제4절 모음

제8항 '계, 례, 몌, 폐, 혜' 의 'ㅖ' 는 'ㅔ' 로 소리나는 경우가 있더라도 'ㅖ' 로 적는다. (ㄱ을 취하고, ㄴ을 버림)

ㄱ	ㄴ	ㄱ	ㄴ
계수(桂樹)	게수	혜택(惠澤)	헤택
사례(謝禮)	사레	계집	게집
연몌(連袂)	연메	핑계	핑게
폐품(廢品)	페품	계시다	게시다

다만, 다음 말은 본음대로 적는다.

게송(偈頌) 게시판(揭示板) 휴게실(休憩室)

제9항 '의' 나 자음을 첫소리로 가지고 있는 음절의 'ㅢ' 는 'ㅣ' 로 소리나는 경우가 있더라도 'ㅢ' 로 적는다.(ㄱ을 취하고, ㄴ을 버림.)

ㄱ	ㄴ	ㄱ	ㄴ
의의(意義)	의이	닁큼	닝큼
본의(本意)	본이	띄어쓰기	띠어쓰기
무늬[紋]	무니	씌어	씨어
보늬	보니	틔어	티어
오늬	오니	희망(希望)	히망
하늬바람	하니바람	희다	히다·
늴리리	닐리리	유희(遊戲)	유히

제5절 두음 법칙

제10항 한자음 '녀, 뇨, 뉴, 니' 가 단어의 첫머리에 올 적에는 두음 법칙에 따라 '여, 요, 유, 이' 로 적는다.(ㄱ을 취하고, ㄴ을 버림)

ㄱ	ㄴ	ㄱ	ㄴ
여자(女子)	녀자	유대(紐帶)	뉴대

연세(年歲)	년세	이토(泥土)	니토
요소(尿素)	뇨소	익명(匿名)	닉명

다만, 다음과 같은 의존 명사에서는 '냐, 녀' 음을 인정한다.

냥(兩) 냥쭝(兩−) 년(年)(몇 년)

[붙임 1] 단어의 첫머리 이외의 경우에는 본음대로 적는다.

남녀(男女) 당뇨(糖尿) 결뉴(結紐) 은닉(隱匿)

[붙임 2] 접두사처럼 쓰이는 한자가 붙어서 된 말이나 합성어에서, 뒷말의 첫소리가 'ㄴ' 소리로 나더라도 두음 법칙에 따라 적는다.

신여성(新女性) 공염불(空念佛) 남존여비(男尊女卑)

[붙임 3] 둘 이상의 단어로 이루어진 고유 명사를 붙여 쓰는 경우에도 붙임 2에 준하여 적는다.

한국여자대학 대한요소비료회사

제11항 한자음 '랴, 려, 례, 료, 류, 리' 가 단어의 첫머리에 올 적에는 두음 법칙에 따라 '야, 여, 예, 요, 유, 이' 로 적는다.(ㄱ을 취하고, ㄴ을 버림.)

ㄱ	ㄴ	ㄱ	ㄴ
양심(良心)	량심	용궁(龍宮)	룡궁
역사(歷史)	력사	유행(流行)	류행
예의(禮儀)	례의	이발(理髮)	리발

다만, 다음과 같은 의존 명사는 본음대로 적는다.

리(里) : 몇 리냐?

리(理) : 그럴 리가 없다.

[붙임 1] 단어의 첫머리 이외의 경우에는 본음대로 적는다.

개량(改良) 선량(善良) 수력(水力) 협력(協力)

사례(謝禮) 혼례(婚禮) 와룡(臥龍) 쌍룡(雙龍)

하류(下流) 급류(急流) 도리(道理) 진리(眞理)

다만, 모음이나 'ㄴ' 받침 뒤에 이어지는 '렬, 률' 은 '열, 율' 로 적는다.(ㄱ을 취하고, ㄴ을 버림.)

ㄱ	ㄴ	ㄱ	ㄴ
나열(羅列)	나렬	분열(分裂)	분렬
치열(齒列)	치렬	선열(先烈)	선렬
비열(卑劣)	비렬	진열(陳列)	진렬
규율(規律)	규률	선율(旋律)	선률
비율(比率)	비률	전율(戰慄)	전률
실패율(失敗率)	실패률	백분율(百分率)	백분률

[붙임 2] 외자로 된 이름을 성에 붙여 쓸 경우에도 본음대로 적을 수 있다.

신립(申砬) 최린(崔麟) 채륜(蔡倫) 하륜(河崙)

[붙임 3] 준말에서 본음으로 소리나는 것은 본음대로 적는다.

국련(국제연합) 대한교련(대한교육연합회)

[붙임 4] 접두사처럼 쓰이는 한자가 붙어서 된 말이나 합성어에서 뒷말의 첫 소리가 'ㄴ' 또는 'ㄹ' 소리로 나더라도 두음 법칙에 따라 적는다.

역이용(逆利用) 연이율(年利率) 열역학(熱力學) 해외여행(海外旅行)

[붙임 5] 둘 이상의 단어로 이루어진 고유 명사를 붙여 쓰는 경우나 십진법에 따라 쓰는 수(數)도 붙임 4에 준하여 적는다.

서울여관 신흥이발관 육천육백육십육(六千六百六十六)

제12항 한자음 '라, 래, 로, 뢰, 루, 르'가 단어의 첫머리에 올 적에는 두음 법칙에 따라 '나, 내, 노, 뇌, 누, 느'로 적는다.(ㄱ을 취하고, ㄴ을 버림.)

ㄱ	ㄴ	ㄱ	ㄴ
낙원(樂園)	락원	뇌성(雷聲)	뢰성
내일(來日)	래일	누각(樓閣)	루각
노인(老人)	로인	능묘(陵墓)	릉묘

[붙임 1] 단어의 첫머리 이외의 경우에는 본음대로 적는다.

쾌락(快樂)	극락(極樂)	거래(去來)	왕래(往來)
부로(父老)	연로(年老)	지뢰(地雷)	낙뢰(落雷)
고루(高樓)	광한루(廣寒樓)	동구릉(東九陵)	가정란(家庭欄)

[붙임 2] 접두사처럼 쓰이는 한자가 붙어서 된 단어는 뒷말을 두음 법칙에 따라 적는다.

내내월(來來月) 상노인(上老人) 중노동(重勞動) 비논리적(非論理的)

제6절 겹쳐 나는 소리

제13항 한 단어 안에서 같은 음절이나 비슷한 음절이 겹쳐 나는 부분은 같은 글자로 적는다.(ㄱ을 취하고, ㄴ을 버림.)

ㄱ	ㄴ	ㄱ	ㄴ
딱딱	딱닥	꼿꼿하다	꼿곳하다
쌕쌕	쌕색	놀놀하다	놀롤하다
씩씩	씩식	눅눅하다	눙눅하다
똑딱똑딱	똑닥똑닥	밋밋하다	민밋하다
쓱싹쓱싹	쓱삭쓱삭	싹싹하다	싹삭하다
연연불망	연련불망	쌉쌀하다	쌉살하다
유유상종	유류상종	씁쓸하다	씁슬하다
누누이	누루이	짭짤하다	짭잘하다

제4장 형태에 관한 것

제1절 체언과 조사

제14항 체언은 조사와 구별하여 적는다.

떡이	떡을	떡에	떡도	떡만
손이	손을	손에	손도	손만
팔이	팔을	팔에	팔도	팔만
밤이	밤을	밤에	밤도	밤만
집이	집을	집에	집도	집만
옷이	옷을	옷에	옷도	옷만
콩이	콩을	콩에	콩도	콩만
낮이	낮을	낮에	낮도	낮만
꽃이	꽃을	꽃에	꽃도	꽃만
밭이	밭을	밭에	밭도	밭만
앞이	앞을	앞에	앞도	앞만
밖이	밖을	밖에	밖도	밖만
넋이	넋을	넋에	넋도	넋만
흙이	흙을	흙에	흙도	흙만
삶이	삶을	삶에	삶도	삶만
여덟이	여덟을	여덟에	여덟도	여덟만
곬이	곬을	곬에	곬도	곬만
값이	값을	값에	값도	값만

제2절 어간과 어미

제15항 용언의 어간과 어미는 구별하여 적는다.

먹다	먹고	먹어	먹으니
신다	신고	신어	신으니
믿다	믿고	믿어	믿으니
울다	울고	울어	(우니)
넘다	넘고	넘어	넘으니
입다	입고	입어	입으니
웃다	웃고	웃어	웃으니

찾다	찾고	찾아	찾으니
좇다	좇고	좇아	좇으니
같다	같고	같아	같으니
높다	높고	높아	높으니
좋다	좋고	좋아	좋으니
깎다	깎고	깎아	깎으니
앉다	앉고	앉아	앉으니
많다	많고	많아	많으니
늙다	늙고	늙어	늙으니
젊다	젊고	젊어	젊으니
넓다	넓고	넓어	넓으니
훑다	훑고	훑어	훑으니
읊다	읊고	읊어	읊으니
옳다	옳고	옳아	옳으니
없다	없고	없어	없으니
있다	있고	있어	있으니

[붙임 1] 두 개의 용언이 어울려 한 개의 용언이 될 적에, 앞말의 본뜻이 유지되고 있는 것은 그 원형을 밝히어 적고, 그 본뜻에서 멀어진 것은 밝히어 적지 아니한다.

(1) 앞말의 본뜻이 유지되고 있는 것

넘어지다 늘어나다 늘어지다 돌아가다 되짚어가다
들어가다 떨어지다 벌어지다 엎어지다 접어들다
틀어지다 흩어지다

(2) 본뜻에서 멀어진 것

드러나다 사라지다 쓰러지다

[붙임 2] 종결형에서 사용되는 어미 '-오'는 '요'로 소리나는 경우가 있더라도 그 원형을 밝혀 '오'로 적는다.(ㄱ을 취하고, ㄴ을 버림.)

ㄱ	ㄴ
이것은 책이오.	이것은 책이요.
이리로 오시오.	이리로 오시요.
이것은 책이 아니오.	이것은 책이 아니요.

[붙임 3] 연결형에서 사용되는 '이요'는 '이요'로 적는다.(ㄱ을 취하고, ㄴ을 버림.)

ㄱ	ㄴ
이것은 책이요, 저것은 붓이요, 또 저것은 먹이다.	이것은 책이오, 저것은 붓이오, 또 저것은 먹이다.

제16항 어간의 끝음절 모음이 'ㅏ, ㅗ' 일 적에는 어미를 '-아' 로 적고, 그 밖의 모음일 적에는 '-어' 로 적는다.

1. '-아' 로 적는 경우

나아	나아도	나아서
막아	막아도	막아서
얇아	얇아도	얇아서
돌아	돌아도	돌아서
보아	보아도	보아서

2. '-어' 로 적는 경우

개어	개어도	개어서
겪어	겪어도	겪어서
되어	되어도	되어서
베어	베어도	베어서
쉬어	쉬어도	쉬어서
저어	저어도	저어서
주어	주어도	주어서
피어	피어도	피어서
희어	희어도	희어서

제17항 어미 뒤에 덧붙는 조사 '-요' 는 '-요' 로 적는다.

읽어	읽어요
참으리	참으리요
좋지	좋지요

제18항 다음과 같은 용언들은 어미가 바뀔 경우, 그 어간이나 어미가 원칙에 벗어나면 벗어나는 대로 적는다.

1. 어간의 끝 'ㄹ' 이 줄어질 적

갈다 :	가니	간	갑니다	가시다	가오
놀다 :	노니	논	놉니다	노시다	노오
불다 :	부니	분	붑니다	부시다	부오
둥글다 :	둥그니	둥근	둥급니다	둥그시다	둥그오
어질다 :	어지니	어진	어집니다	어지시다	어지오

[붙임] 다음과 같은 말에서도 'ㄹ' 이 준 대로 적는다.

마지못하다 마지않다 (하)다마다 (하)자마자

(하)지 마라 (하)지 마(아)

2. 어간의 끝 'ㅅ' 이 줄어질 적

긋다 :	그어	그으니	그었다
낫다 :	나아	나으니	나았다
잇다 :	이어	이으니	이었다
짓다 :	지어	지으니	지었다

3. 어간의 끝 'ㅎ' 이 줄어질 적

그렇다 :	그러니	그럴	그러면	그러오
까맣다 :	까마니	까말	까마면	까마오
동그랗다 :	동그라니	동그랄	동그라면	동그라오
퍼렇다 :	퍼러니	퍼럴	퍼러면	퍼러오
하얗다 :	하야니	하얄	하야면	하야오

4. 어간의 끝 'ㅜ, ㅡ' 가 줄어질 적

푸다 :	퍼	펐다	뜨다 :	떠	떴다
끄다 :	꺼	껐다	크다 :	커	컸다
담그다 :	담가	담갔다	고프다 :	고파	고팠다
따르다 :	따라	따랐다	바쁘다 :	바빠	바빴다

5. 어간의 끝 'ㄷ' 이 'ㄹ' 로 바뀔 적

걷다[步] :	걸어	걸으니	걸었다
듣다[聽] :	들어	들으니	들었다
묻다[問] :	물어	물으니	물었다
싣다[載] :	실어	실으니	실었다

6. 어간의 끝 'ㅂ' 이 'ㅜ' 로 바뀔 적

깁다 :	기워	기우니	기웠다
굽다[炙] :	구워	구우니	구웠다
가깝다 :	가까워	가까우니	가까웠다
괴롭다 :	괴로워	괴로우니	괴로웠다
맵다 :	매워	매우니	매웠다
무겁다 :	무거워	무거우니	무거웠다
밉다 :	미워	미우니	미웠다
쉽다 :	쉬워	쉬우니	쉬웠다

다만, '돕-, 곱-' 과 같은 단음절 어간에 어미 '-아' 가 결합되어 '와' 로 소리나는 것은 '-와' 로 적는다.

돕다[助] :	도와	도와서	도와도	도왔다
곱다[麗] :	고와	고와서	고와도	고왔다

7. '하다' 의 활용에서 어미 '-아' 가 '-여' 로 바뀔 적

하다 : 하여 하여서 하여도 하여라 하였다

8. 어간의 끝 음절 '르' 뒤에 오는 어미 '-어'가 '-러'로 바뀔 적

이르다[至] :	이르러	이르렀다	누르다 :	누르러	누르렀다
노르다 :	노르러	노르렀다	푸르다 :	푸르러	푸르렀다

9. 어간의 끝 음절 '르'의 '―'가 줄고, 그 뒤에 오는 어미 '-아/-어'가 '-라/-러'로 바뀔 적

가르다 :	갈라	갈랐다	부르다 :	불러	불렀다
거르다 :	걸러	걸렀다	오르다 :	올라	올랐다
구르다 :	굴러	굴렀다	이르다 :	일러	일렀다
벼르다 :	별러	별렀다	지르다 :	질러	질렀다

제3절 접미사가 붙어서 된 말

제19항 어간에 '-이'나 '-음/ㅁ'이 붙어서 명사로 된 것과 '-이'나 '-히'가 붙어서 부사로 된 것은 그 어간의 원형을 밝히어 적는다.

1. '-이'가 붙어서 명사로 된 것

길이 깊이 높이 다듬이 땀받이 달맞이
먹이 미닫이 벌이 벼훑이 살림살이 쇠붙이

2. '-음/-ㅁ'이 붙어서 명사로 된 것

걸음 묶음 믿음 얼음 엮음 울음
웃음 졸음 앎 만듦

3. '-이'가 붙어서 부사로 된 것

같이 굳이 길이 높이 많이 실없이
좋이 짓궂이

4. '-히'가 붙어서 부사로 된 것

밝히 익히 작히

다만, 어간에 '-이'나 '-음'이 붙어서 명사로 바뀐 것이라도 그 어간의 뜻과 멀어진 것은 원형을 밝히어 적지 아니한다.

굽도리 다리[髢] 목거리(목병) 무녀리
코끼리 거름(비료) 고름[膿] 노름(도박)

[붙임] 어간에 '-이'나 '-음' 이외의 모음으로 시작된 접미사가 붙어서 다른 품사로 바뀐 것은 그 어간의 원형을 밝히어 적지 아니한다.

(1) 명사로 바뀐 것

귀머거리 까마귀 너머 뜨더귀 마감 마개
마중 무덤 비렁뱅이 쓰레기 올가미 주검

(2) 부사로 바뀐 것

거뭇거뭇 너무 도로 뜨덤뜨덤 바투
불긋불긋 비로소 오긋오긋 자주 차마

(3) 조사로 바뀌어 뜻이 달라진 것

나마 부터 조차

제20항 명사 뒤에 '-이'가 붙어서 된 말은 그 명사의 원형을 밝히어 적는다.

1. 부사로 된 것

곳곳이 낱낱이 몫몫이 샅샅이 앞앞이 집집이

2. 명사로 된 것

곰배팔이 바둑이 삼발이 애꾸눈이 육손이 절뚝발이/절름발이

[붙임] '-이' 이외의 모음으로 시작된 접미사가 붙어서 된 말은 그 명사의 원형을 밝히어 적지 아니한다.

꼬락서니 끄트머리 모가치 바가지 바깥 사타구니
싸라기 이파리 지붕 지푸라기 짜개

제21항 명사나 혹은 용언의 어간 뒤에 자음으로 시작된 접미사가 붙어서 된 말은 그 명사나 어간의 원형을 밝히어 적는다.

1. 명사 뒤에 자음으로 시작된 접미사가 붙어서 된 것

값지다 홑지다 넋두리 빛깔 옆댕이 잎사귀

2. 어간 뒤에 자음으로 시작된 접미사가 붙어서 된 것

낚시 늙정이 덮개 뜯게질 갉작갉작하다
갉작거리다 뜯적거리다 뜯적뜯적하다 굵다랗다 굵직하다
깊숙하다 넓적하다 높다랗다 늙수그레하다 얽죽얽죽하다

다만, 다음과 같은 말은 소리대로 적는다.

(1) 겹받침의 끝소리가 드러나지 아니하는 것

할짝거리다 널따랗다 널찍하다 말끔하다 말쑥하다
말짱하다 실쭉하다 실큼하다 얄따랗다 얄팍하다
짤따랗다 짤막하다 실컷

(2) 어원이 분명하지 아니하거나 본뜻에서 멀어진 것

넙치 올무 골막하다 납작하다

제22항 용언의 어간에 다음과 같은 접미사들이 붙어서 이루어진 말들은 그 어간을 밝히어 적는다.

1. '-기-, -리-, -이-, -히-, -구-, -우-, -추-, -으키-, -이키-, -애-'가 붙는 것

맡기다 옮기다 웃기다 쫓기다 뚫리다 울리다
낚이다 쌓이다 핥이다 굳히다 굽히다 넓히다
앉히다 얽히다 잡히다 돋구다 솟구다 돋우다

갖추다　곧추다　맞추다　일으키다　돌이키다　없애다

다만, '－이－, －히－, －우－'가 붙어서 된 말이라도 본뜻에서 멀어진 것은 소리대로 적는다.

도리다(칼로~)　드리다(용돈을~)　고치다　바치다(세금을~)

부치다(편지를~)　거두다　미루다　이루다

2. '－치－, －뜨리－/－트리－'가 붙는 것

놓치다　덮치다　떠받치다　받치다　밭치다　부딪치다

뻗치다　엎치다　부딪뜨리다/부딪트리다　쏟뜨리다/쏟트리다

젖뜨리다/젖트리다　찢뜨리다/찢트리다　흩뜨리다/흩트리다

[붙임] '－업－, －읍－, －브－'가 붙어서 된 말은 소리대로 적는다.

미덥다　우습다　미쁘다

제23항 '－하다'나 '－거리다'가 붙는 어근에 '－이'가 붙어서 명사가 된 것은 그 원형을 밝히어 적는다.(ㄱ을 취하고, ㄴ을 버림.)

ㄱ	ㄴ	ㄱ	ㄴ
깔쭉이	깔쭈기	살살이	살사리
꿀꿀이	꿀꾸리	쌕쌕이	쌕쌔기
눈깜짝이	눈깜짜기	오뚝이	오뚜기
더펄이	더퍼리	코납작이	코납자기
배불뚝이	배불뚜기	푸석이	푸서기
삐죽이	삐주기	홀쭉이	홀쭈기

[붙임] '－하다'나 '－거리다'가 붙을 수 없는 어근에 '－이'나 또는 다른 모음으로 시작되는 접미사가 붙어서 명사가 된 것은 그 원형을 밝히어 적지 아니한다.

개구리　귀뚜라미　기러기　깍두기　꽹과리　날라리

누더기　동그라미　두드러기　딱따구리　매미　부스러기

뻐꾸기　얼루기　칼싹두기

제24항 '－거리다'가 붙을 수 있는 시늉말 어근에 '－이다'가 붙어서 된 용언은 그 어근을 밝히어 적는다.(ㄱ을 취하고, ㄴ을 버림.)

ㄱ	ㄴ	ㄱ	ㄴ
깜짝이다	깜짜기다	속삭이다	속사기다
꾸벅이다	꾸버기다	숙덕이다	숙더기다
끄덕이다	끄더기다	울먹이다	울머기다
뒤척이다	뒤처기다	움직이다	움지기다
들먹이다	들머기다	지껄이다	지꺼리다
망설이다	망서리다	퍼덕이다	퍼더기다
번득이다	번드기다	허덕이다	허더기다

번쩍이다 번쩌기다 헐떡이다 헐떠기다

제25항 '-하다'가 붙는 어근에 '-히'나 '-이'가 붙어서 부사가 되거나, 부사에 '-이'가 붙어서 뜻을 더하는 경우에는, 그 어근이나 부사의 원형을 밝히어 적는다.

1. '-하다'가 붙는 어근에 '-히'나 '-이'가 붙는 경우

급히 꾸준히 도저히 딱히 어렴풋이 깨끗이

[붙임] '-하다'가 붙지 않는 경우에는 소리대로 적는다.

갑자기 반드시(꼭) 슬며시

2. 부사에 '-이'가 붙어서 역시 부사가 되는 경우

곰곰이 더욱이 생긋이 오뚝이 일찍이 해죽이

제26항 '-하다'나 '-없다'가 붙어서 된 용언은 그 '-하다'나 '-없다'를 밝히어 적는다.

1. '-하다'가 붙어서 용언이 된 것

딱하다 숱하다 착하다 텁텁하다 푹하다

2. '-없다'가 붙어서 용언이 된 것

부질없다 상없다 시름없다 열없다 하염없다

제4절 합성어 및 접두사가 붙는 말

제27항 둘 이상의 단어가 어울리거나 접두사가 붙어서 이루어진 말은 각각 그 원형을 밝히어 적는다.

국말이 꺾꽂이 꽃잎 끝장 물난리
밑천 부엌일 싫증 옷안 웃옷
젖몸살 첫아들 칼날 팥알 헛웃음
홀아비 홑몸 흙내
값없다 겉늙다 굶주리다 낮잡다 맞먹다
받내다 벋놓다 빗나가다 빛나다 새파랗다
샛노랗다 시꺼멓다 싯누렇다 엇나가다 엎누르다
엿듣다 옻오르다 짓이기다 헛되다

[붙임 1] 어원은 분명하나 소리만 특이하게 변한 것은 변한 대로 적는다.

할아버지 할아범

[붙임 2] 어원이 분명하지 아니한 것은 원형을 밝히어 적지 아니한다.

골병 골탕 끌탕 며칠 아재비 오라비
업신여기다 부리나케

[붙임 3] '이[齒, 虱]'가 합성어나 이에 준하는 말에서 '니' 또는 '리'로 소리날 때에는 '니'로 적는다.

간니 덧니 사랑니 송곳니 앞니 어금니
윗니 젖니 톱니 틀니 가랑니 머릿니

제28항 끝소리가 'ㄹ' 인 말과 딴 말이 어울릴 적에 'ㄹ' 소리가 나지 아니하는 것은 아니 나는 대로 적는다.

다달이(달－달－이)	따님(딸－님)	마되(말－되)
마소(말－소)	무자위(물－자위)	바느질(바늘－질)
부나비(불－나비)	부삽(불－삽)	부손(불－손)
소나무(솔－나무)	싸전(쌀－전)	여닫이(열－닫이)
우짖다(울－짖다)	화살(활－살)	

제29항 끝소리가 'ㄹ' 인 말과 딴 말이 어울릴 적에 'ㄹ' 소리가 'ㄷ' 소리로 나는 것은 'ㄷ' 으로 적는다.

반짇고리(바느질~)	사흗날(사흘~)	삼짇날(삼질~)	섣달(설~)
숟가락(술~)	이튿날(이틀~)	잗주름(잘~)	푿소(풀~)
섣부르다(설~)	잗다듬다(잘~)	잗다랗다(잘~)	

제30항 사이시옷은 다음과 같은 경우에 받치어 적는다.

1. 순 우리말로 된 합성어로서 앞말이 모음으로 끝난 경우

(1) 뒷말의 첫소리가 된소리로 나는 것

고랫재	귓밥	나룻배	나뭇가지	냇가	댓가지
뒷갈망	맷돌	머릿기름	모깃불	못자리	바닷가
뱃길	볏가리	부싯돌	선짓국	쇳조각	아랫집
우렁잇속	잇자국	잿더미	조갯살	찻집	쳇바퀴
킷값	핏대	햇볕	혓바늘		

(2) 뒷말의 첫소리 'ㄴ, ㅁ' 앞에서 'ㄴ' 소리가 덧나는 것

멧나물	아랫니	텃마당	아랫마을	뒷머리
잇몸	깻묵	냇물	빗물	

(3) 뒷말의 첫소리 모음 앞에서 'ㄴㄴ' 소리가 덧나는 것

도리깻열	뒷윷	두렛일	뒷일	뒷입맛
베갯잇	욧잇	깻잎	나뭇잎	댓잎

2. 순 우리말과 한자어로 된 합성어로서 앞말이 모음으로 끝난 경우

(1) 뒷말의 첫소리가 된소리로 나는 것

귓병	머릿방	뱃병	봇둑	사잣밥
샛강	아랫방	자릿세	전셋집	찻잔
찻종	촛국	콧병	탯줄	텃세
핏기	햇수	횟가루	횟배	

(2) 뒷말의 첫소리 'ㄴ, ㅁ' 앞에서 'ㄴ' 소리가 덧나는 것

곗날	제삿날	훗날	툇마루	양칫물

(3) 뒷말의 첫소리 모음 앞에서 'ㄴㄴ' 소리가 덧나는 것

가욋일 사삿일 예삿일 훗일

3. 두 음절로 된 다음 한자어

곳간(庫間) 셋방(貰房) 숫자(數字)

찻간(車間) 툇간(退間) 횟수(回數)

제31항 두 말이 어울릴 적에 'ㅂ' 소리나 'ㅎ' 소리가 덧나는 것은 소리대로 적는다.

1. 'ㅂ' 소리가 덧나는 것

댑싸리(대ㅂ싸리) 멥쌀(메ㅂ쌀) 볍씨(벼ㅂ씨)

입때(이ㅂ때) 입쌀(이ㅂ쌀) 접때(저ㅂ때)

좁쌀(조ㅂ쌀) 햅쌀(해ㅂ쌀)

2. 'ㅎ' 소리가 덧나는 것

머리카락(머리ㅎ가락) 살코기(살ㅎ고기) 수캐(수ㅎ개)

수컷(수ㅎ것) 수탉(수ㅎ닭) 안팎(안ㅎ밖)

암캐(암ㅎ개) 암컷(암ㅎ것) 암탉(암ㅎ닭)

제5절 준말

제32항 단어의 끝 모음이 줄어지고 자음만 남은 것은 그 앞의 음절에 받침으로 적는다.

본말	준말	본말	준말
기러기야	기럭아	온가지	온갖
어제그저께	엊그저께	가지고, 가지지	갖고, 갖지
어제저녁	엊저녁	디디고, 디디지	딛고, 딛지

제33항 체언과 조사가 어울려 줄어지는 경우에는 준 대로 적는다.

본말	준말	본말	준말
그것은	그건	너는	넌
그것이	그게	너를	널
그것으로	그걸로	나는	난
무엇을	뭣을 / 무얼 / 뭘	나를	날
무엇이	뭣이 / 무에		

제34항 모음 'ㅏ, ㅓ'로 끝난 어간에 '-아/-어, -았-/-었-'이 어울릴 적에는 준 대로 적는다.

본말	준말	본말	준말
가아	가	가았다	갔다
나아	나	나았다	났다
타아	타	타았다	탔다

서어	서	서었다	섰다
켜어	켜	켜었다	켰다
펴어	펴	펴었다	폈다

[붙임 1] 'ㅐ, ㅔ' 뒤에 '−어, −었−' 이 어울려 줄 적에는 준 대로 적는다.

본말	준말	본말	준말
개어	개	개었다	갰다
내어	내	내었다	냈다
베어	베	베었다	벴다
세어	세	세었다	셌다

[붙임 2] '하여' 가 한 음절로 줄어서 '해' 로 될 적에는 준 대로 적는다.

본말	준말	본말	준말
하여	해	하였다	했다
더하여	더해	더하였다	더했다
흔하여	흔해	흔하였다	흔했다

제35항 모음 'ㅗ, ㅜ' 로 끝난 어간에 '−아/−어, −았−/−었−' 이 어울려 'ㅘ/ㅝ, ㅘㅆ/ㅝㅆ' 으로 될 적에는 준 대로 적는다.

본말	준말	본말	준말
꼬아	꽈	꼬았다	꽜다
보아	봐	보았다	봤다
쏘아	쏴	쏘았다	쐈다
두어	둬	두었다	뒀다
쑤어	쒀	쑤었다	쒔다
주어	줘	주었다	줬다

[붙임 1] '놓아' 가 '놔' 로 줄 적에는 준 대로 적는다.

[붙임 2] 'ㅚ' 뒤에 '−어, −었−' 이 어울려 'ㅙ, ㅙㅆ' 으로 될 적에는 준 대로 적는다.

본말	준말	본말	준말
괴어	괘	괴었다	괬다
되어	돼	되었다	됐다
뵈어	봬	뵈었다	뵀다
쇠어	쇄	쇠었다	쇘다
쐬어	쐐	쐬었다	쐤다

제36항 'ㅣ' 뒤에 '어' 가 와서 'ㅕ' 로 줄 적에는 준 대로 적는다.

본말	준말	본말	준말
가지어	가져	가지었다	가졌다

견디어	견뎌	견디었다	견뎠다
다니어	다녀	다니었다	다녔다
막히어	막혀	막히었다	막혔다
버티어	버텨	버티었다	버텼다
치이어	치여	치이었다	치였다

제37항 'ㅏ, ㅕ, ㅗ, ㅜ, ㅡ'로 끝난 어간에 '－이－'가 와서 각각 'ㅐ, ㅔ, ㅚ, ㅟ, ㅢ'로 줄 적에는 준 대로 적는다.

본말	준말	본말	준말
싸이다	쌔다	누이다	뉘다
펴이다	폐다	뜨이다	띄다
보이다	뵈다	쓰이다	씌다

제38항 'ㅏ, ㅗ, ㅜ, ㅡ' 뒤에 '－이어'가 어울려 줄어질 적에는 준대로 적는다.

본말	준말	본말	준말
싸이어	쌔어 싸여	뜨이어	띄어
보이어	뵈어 보여	쓰이어	씌어 쓰여
쏘이어	쐬어 쏘여	트이어	틔어 트여
누이어	뉘어 누여		

제39항 어미 '－지' 뒤에 '않－'이 어울려 '－잖－'이 될 적과 '－하지' 뒤에 '않－'이 어울려 '－찮－'이 될 적에는 준 대로 적는다.

본말	준말	본말	준말
그렇지 않은	그렇잖은	만만하지 않다	만만찮다
적지 않은	적잖은	변변하지 않다	변변찮다

제40항 어간의 끝 음절 '하'의 'ㅏ'가 줄고, 'ㅎ'이 다음 음절의 첫소리와 어울려 거센소리로 될 적에는 거센소리로 적는다.

본말	준말	본말	준말
간편하게	간편케	다정하다	다정타
연구하도록	연구토록	정결하다	정결타
가하다	가타	흔하다	흔타

[붙임 1] 'ㅎ'이 어간의 끝소리로 굳어진 것은 받침으로 적는다.

않다	않고	않지	않든지
그렇다	그렇고	그렇지	그렇든지
아무렇다	아무렇고	아무렇지	아무렇든지
어떻다	어떻고	어떻지	어떻든지
이렇다	이렇고	이렇지	이렇든지

저렇다 저렇고 저렇지 저렇든지

[붙임 2] 어간의 끝 음절 '하'가 아주 줄 적에는 준 대로 적는다.

본말	준말	본말	준말
거북하지	거북지	넉넉하지 않다	넉넉지 않다
생각하건대	생각건대	못하지 않다	못지 않다
생각하다 못하여	생각다 못해	섭섭하지 않다	섭섭지 않다
깨끗하지 않다	깨끗지 않다	익숙하지 않다	익숙지 않다

[붙임 3] 다음과 같은 부사는 소리대로 적다.

결단코 결코 기필코 무심코 아무튼 요컨대
정녕코 필연코 하마터면 하여튼 한사코

제 5 장 띄어쓰기

제1절 조사

제41항 조사는 그 앞말에 붙여 쓴다.

꽃이 꽃마저 꽃밖에 꽃에서부터 꽃으로만
꽃이나마 꽃이다 꽃입니다 꽃처럼 어디까지나
거기도 멀리는 웃고만

제2절 의존 명사, 단위를 나타내는 명사 및 열거하는 말 등

제42항 의존 명사는 띄어 쓴다.

아는 것이 힘이다. 나도 할 수 있다.
먹을 만큼 먹어라. 아는 이를 만났다.
네가 뜻한 바를 알겠다. 그가 떠난 지가 오래다.

제43항 단위를 나타내는 명사는 띄어 쓴다.

한 개 차 한 대 금 서 돈
소 한 마리 옷 한 벌 열 살
조기 한 손 연필 한 자루 버선 한 죽
집 한 채 신 두 켤레 북어 한 쾌

다만, 순서를 나타내는 경우나 숫자와 어울리어 쓰이는 경우에는 붙여 쓸 수 있다.

두시 삼십분 오초 제일과 삼학년 육층

1446년 10월 9일　　2대대　　16동 502호　　제1실습실
80원　　10개　　7미터

제44항　수를 적을 적에는 만(萬) 단위로 띄어 쓴다.
십이억 삼천사백오십육만 칠천팔백구십팔
12억 3456만 7898

제45항　두 말을 이어 주거나 열거할 적에 쓰이는 말들은 띄어 쓴다.

국장 겸 과장　　열 내지 스물
청군 대 백군　　책상, 걸상 등이 있다.
이사장 및 이사들　　사과, 배, 귤 등등
사과, 배 등속　　부산, 광주 등등

제46항　단음절로 된 단어가 연이어 나타날 적에는 붙여 쓸 수 있다.
그때　그곳　좀더　큰것　이말　저말　한잎　두잎

제3절　보조 용언

제47항　보조 용언은 띄어 씀을 원칙으로 하되, 경우에 따라 붙여 씀도 허용한다.(ㄱ을 원칙으로 하고, ㄴ을 허용함.)

ㄱ	ㄴ
불이 꺼져 간다.	불이 꺼져간다.
내 힘으로 막아 낸다.	내 힘으로 막아낸다.
어머니를 도와 드린다.	어머니를 도와드린다.
그릇을 깨뜨려 버렸다.	그릇을 깨뜨려버렸다.
비가 올 듯하다.	비가 올듯하다.
그 일은 할 만하다.	그 일은 할만하다.
일이 될 법하다.	일이 될법하다.
비가 올 성싶다.	비가 올성싶다.
잘 아는 척한다.	잘 아는척한다.

다만, 앞말에 조사가 붙거나 앞말이 합성 동사인 경우, 그리고 중간에 조사가 들어갈 적에는 그 뒤에 오는 보조 용언은 띄어 쓴다.

잘도 놀아만 나는구나!　　책을 읽어도 보고…….
네가 덤벼들어 보아라.　　강물에 떠내려가 버렸다.
그가 올 듯도 하다.　　잘난 체를 한다.

제4절 고유 명사 및 전문 용어

제48항 성과 이름, 성과 호 등은 붙여 쓰고, 이에 덧붙는 호칭어, 관직명 등은 띄어 쓴다.

김양수(金良洙)	서화담(徐花潭)	채영신 씨
최치원 선생	박동식 박사	충무공 이순신 장군

다만, 성과 이름, 성과 호를 분명히 구분할 필요가 있을 경우에는 띄어 쓸 수 있다.

남궁억/남궁 억 독고준/독고 준 황보지봉(皇甫芝峰)/황보 지봉

제49항 성명 이외의 고유 명사는 단어별로 띄어 씀을 원칙으로 하되, 단위별로 띄어 쓸 수 있다.(ㄱ을 원칙으로 하고, ㄴ을 허용함.)

ㄱ	ㄴ
대한 중학교	대한중학교
한국 대학교 사범 대학	한국대학교 사범대학

제50항 전문 용어는 단어별로 띄어 씀을 원칙으로 하되, 붙여 쓸 수 있다.(ㄱ을 원칙으로 하고, ㄴ을 허용함.)

ㄱ	ㄴ
만성 골수성 백혈병	만성골수성백혈병
중거리 탄도 유도탄	중거리탄도유도탄

제6장 그 밖의 것

제51항 부사의 음절이 분명히 '이'로만 나는 것은 '-이'로 적고, '히'로만 나거나 '이'나 '히'로 나는 것은 '-히'로 적는다.

1. '이'로만 나는 것

가붓이	깨끗이	나붓이	느긋이	둥긋이
따뜻이	반듯이	버젓이	산뜻이	의젓이
가까이	고이	날카로이	대수로이	번거로이
많이	적이	헛되어	겹겹이	번번이
일일이	집집이	틈틈이		

2. '히'로만 나는 것

극히	급히	딱히	속히	작히
족히	특히	엄격히	정확히	

3. '이, 히'로 나는 것

솔직히	가만히	간편히	나른히	무단히

각별히	소홀히	쓸쓸히	정결히	과감히
꼼꼼히	심히	열심히	급급히	답답히
섭섭히	공평히	능히	당당히	분명히
상당히	조용히	간소히	고요히	도저히

제52항 한자어에서 본음으로도 나고 속음으로도 나는 것은 각각 그 소리에 따라 적는다.

(본음으로 나는 것)	(속음으로 나는 것)
승낙(承諾)	수락(受諾), 쾌락(快諾), 허락(許諾)
만난(萬難)	곤란(困難), 논란(論難)
안녕(安寧)	의령(宜寧), 회령(會寧)
분노(忿怒)	대로(大怒), 희로애락(喜怒哀樂)
오륙십(五六十)	오뉴월, 유월(六月)
목재(木材)	모과(木瓜)
십일(十日)	시방정토(十方淨土), 시왕(十王), 시월(十月)
팔일(八日)	초파일(初八日)

제53항 다음과 같은 어미는 예사소리로 적는다.(ㄱ을 취하고, ㄴ을 버림.)

ㄱ	ㄴ	ㄱ	ㄴ
-(으)ㄹ거나	-(으)ㄹ꺼나	-(으)ㄹ지	-(으)ㄹ찌
-(으)ㄹ걸	-(으)ㄹ껄	-(으)ㄹ지니라	-(으)ㄹ찌니라
-(으)ㄹ게	-(으)ㄹ께	-(으)ㄹ지어다	-(으)ㄹ찌어다
-(으)ㄹ세	-(으)ㄹ쎄	-(으)ㄹ지언정	-(으)ㄹ찌언정
-(으)ㄹ세라	-(으)ㄹ쎄라	-(으)ㄹ진대	-(으)ㄹ찐대
-(으)ㄹ수록	-(으)ㄹ쑤록	-(으)ㄹ진저	-(으)ㄹ찐저
-(으)ㄹ시	-(으)ㄹ씨	-올시다	-올씨다

다만, 의문을 나타내는 다음 어미들은 된소리로 적는다.

-(으)ㄹ까? -(으)ㄹ꼬? -(스)ㅂ니까? -(으)리까? -(으)ㄹ쏘냐?

제54항 다음과 같은 접미사는 된소리로 적는다.(ㄱ을 취하고, ㄴ을 버림.)

ㄱ	ㄴ	ㄱ	ㄴ
심부름꾼	심부름군	귀때기	귓대기
익살꾼	익살군	볼때기	볼대기
일꾼	일군	판자때기	판잣대기
장꾼	장군	뒤꿈치	뒤굼치
장난꾼	장난군	팔꿈치	팔굼치
지게꾼	지겟군	이마빼기	이맛배기
때깔	땟갈	코빼기	콧배기

빛깔	빛갈	객쩍다	객적다
성깔	성갈	겸연쩍다	겸연적다

제55항 두 가지로 구별하여 적던 다음 말들은 한 가지로 적는다.(ㄱ을 취하고, ㄴ을 버림.)

ㄱ	ㄴ
맞추다(입을 맞춘다. 양복을 맞춘다.)	마추다
뻗치다(다리를 뻗친다. 멀리 뻗친다.)	뻐치다

제56항 '-더라, -던'과 '-든지'는 다음과 같이 적는다.

1. 지난 일을 나타내는 어미는 '-더라, -던'으로 적는다.(ㄱ을 취하고, ㄴ을 버림.)

ㄱ	ㄴ
지난 겨울은 몹시 춥더라.	지난 겨울은 몹시 춥드라.
깊던 물이 얕아졌다.	깊든 물이 얕아졌다.
그렇게 좋던가?	그렇게 좋든가?
그 사람 말 잘하던데!	그 사람 말 잘하든데!
얼마나 놀랐던지 몰라.	얼마나 놀랐든지 몰라.

2. 물건이나 일의 내용을 가리지 아니하는 뜻을 나타내는 조사와 어미는 '(-)든지'로 적는다.(ㄱ을 취하고, ㄴ을 버림.)

ㄱ	ㄴ
배든지 사과든지 마음대로 먹어라.	배던지 사과던지 마음대로 먹어라.
가든지 오든지 마음대로 해라.	가던지 오던지 마음대로 해라.

제57항 다음 말들은 각각 구별하여 적는다.

가름	둘로 가름
갈음	새 책상으로 갈음하였다.
거름	풀을 썩인 거름
걸음	빠른 걸음
거치다	영월을 거쳐 왔다.
걷히다	외상값이 잘 걷힌다.
걷잡다	걷잡을 수 없는 상태
겉잡다	겉잡아서 이틀 걸릴 일
그러므로(그러니까)	그는 부지런하다. 그러므로 잘 산다.
그럼으로(써)	그는 열심히 공부한다. 그럼으로(써)

(그렇게 하는 것으로)	은혜에 보답한다.
노름	노름판이 벌어졌다.
놀음(놀이)	즐거운 놀음
느리다	진도가 너무 느리다.
늘이다	고무줄을 늘인다.
늘리다	수출량을 더 늘린다.
다리다	옷을 다린다.
달이다	약을 달인다.
다치다	부주의로 손을 다쳤다.
닫히다	문이 저절로 닫혔다.
닫치다	문을 힘껏 닫쳤다.
마치다	벌써 일을 마쳤다.
맞히다	여러 문제를 더 맞혔다.
목거리	목거리가 덧났다.
목걸이	금 목걸이, 은 목걸이
바치다	나라를 위해 목숨을 바쳤다.
받치다	우산을 받치고 간다. 책받침을 받친다.
받히다	쇠뿔에 받혔다.
밭치다	술을 체에 밭친다.
반드시	약속은 반드시 지켜라.
반듯이	고개를 반듯이 들어라.
부딪치다	차와 차가 마주 부딪쳤다.
부딪히다	마차가 화물차에 부딪혔다.
부치다	힘이 부치는 일이다.
	편지를 부친다.

	논밭을 부친다.
	빈대떡을 부친다.
	식목일에 부치는 글
	회의에 부치는 안건
	인쇄에 부치는 원고
	삼촌 집에 숙식을 부친다.
붙이다	우표를 붙인다.
	책상을 벽에 붙였다.
	흥정을 붙인다.
	불을 붙인다.
	감시원을 붙인다.
	조건을 붙인다.
	취미를 붙인다.
	별명을 붙인다.
시키다	일을 시킨다.
식히다	끓인 물을 식힌다.
아름	세 아름 되는 둘레
알음	전부터 알음이 있는 사이
앎	앎이 힘이다.
안치다	밥을 안친다.
앉히다	윗자리에 앉힌다.
어름	두 물건의 어름에서 일어난 현상
얼음	얼음이 얼었다.
이따가	이따가 오너라.
있다가	돈은 있다가도 없다.
저리다	다친 다리가 저린다.
절이다	김장 배추를 절인다.

조리다	생선을 조린다. 통조림, 병조림
졸이다	마음을 졸인다.
주리다	여러 날을 주렸다.
줄이다	비용을 줄인다.
하노라고	하노라고 한 것이 이 모양이다.
하느라고	공부하느라고 밤을 새웠다.
-느니보다(어미)	나를 찾아 오느니보다 집에 있거라.
-는 이보다(의존 명사)	오는 이가 가는 이보다 많다.
-(으)리만큼(어미)	나를 미워하리만큼 그에게 잘못한 일이 없다.
-(으)ㄹ 이만큼(의존 명사)	찬성할 이도 반대할 이만큼이나 많을 것이다.
-(으)러(목적)	공부하러 간다.
-(으)려(의도)	서울 가려 한다.
-(으)로서(자격)	사람으로서 그럴 수는 없다.
-(으)로써(수단)	닭으로써 꿩을 대신했다.
-(으)므로(어미)	그가 나를 믿으므로 나도 그를 믿는다.
(-ㅁ, -음)으로 (써)(조사)	그는 믿음으로(써) 산 보람을 느꼈다.

| 문장 부호 |

문장 부호의 이름과 그 사용법은 다음과 같이 정한다.

Ⅰ. 마침표[終止符]

1. 온점(.), 고리점(。)

가로쓰기에는 온점, 세로쓰기에는 고리점을 쓴다.

(1) 서술, 명령, 청유 등을 나타내는 문장의 끝에 쓴다.

젊은이는 나라의 기둥이다.

황금 보기를 돌같이 하라.

집으로 돌아가자.

다만, 표제어나 표어에는 쓰지 않는다.

압록강은 흐른다(표제어)

꺼진 불도 다시 보자(표어)

(2) 아라비아 숫자만으로 연월일을 표시할 적에 쓴다.

1919. 3. 1. (1919년 3월 1일)

(3) 표시 문자 다음에 쓴다.

1. 마침표　　ㄱ. 물음표　　가. 인명

(4) 준말을 나타내는 데 쓴다.

서. 1987. 3. 5. (서기)

2. 물음표(?)

의심이나 물음을 나타낸다.

(1) 직접 질문할 때에 쓴다.

이제 가면 언제 돌아오니?

이름이 뭐지?

(2) 반어나 수사 의문(修辭疑問)을 나타낼 때 쓴다.

제가 감히 거역할 리가 있습니까?

이게 은혜에 대한 보답이냐?

남북 통일이 되면 얼마나 좋을까?

(3) 특정한 어구 또는 그 내용에 대하여 의심이나 빈정거림, 비웃음 등을 표시할 때, 또는 적절한 말을

쓰기 어려운 경우에 소괄호 안에 쓴다.

그것 참 훌륭한(?) 태도야.

우리 집 고양이가 가출(?)을 했어요.

[붙임 1] 한 문장에서 몇 개의 선택적인 물음이 겹쳤을 때에는 맨 끝의 물음에만 쓰지만, 각각 독립된 물음인 경우에는 물음마다 쓴다.

너는 한국인이냐, 중국인이냐?

너는 언제 왔니? 어디서 왔니? 무엇하러?

[붙임 2] 의문형 어미로 끝나는 문장이라도 의문의 정도가 약할 때에는 물음표 대신 온점(또는 고리점)을 쓸 수도 있다.

이 일을 도대체 어쩐단 말이냐.

아무도 그 일에 찬성하지 않을 거야. 혹 미친 사람이면 모를까.

3. 느낌표(!)

감탄이나 놀람, 부르짖음, 명령 등 강한 느낌을 나타낸다.

(1) 느낌을 힘차게 나타내기 위해 감탄사나 감탄형 종결어미 다음에 쓴다.

앗!

아, 달이 밝구나!

(2) 강한 명령문 또는 청유문에 쓴다.

지금 즉시 대답해!

부디 몸조심하도록!

(3) 감정을 넣어 다른 사람을 부르거나 대답할 적에 쓴다.

춘향아!

예, 도련님!

(4) 물음의 말로써 놀람이나 항의의 뜻을 나타내는 경우에 쓴다.

이게 누구야!

내가 왜 나빠!

[붙임 3] 감탄형 어미로 끝나는 문장이라도 감탄의 정도가 약할 때에는 느낌표 대신 온점(또는 고리점)을 쓸 수도 있다.

개구리가 나온 것을 보니, 봄이 오긴 왔구나.

II. 쉼표[休止符]

1. 반점(,), 모점(、)

가로쓰기에는 반점, 세로쓰기에는 모점을 쓴다.

문장 안에서 짧은 휴지를 나타낸다.

(1) 같은 자격의 어구가 열거될 때에 쓴다.

근면, 검소, 협동은 우리 겨레의 미덕이다.

충청도의 계룡산, 전라도의 내장산, 강원도의 설악산은 모두 국립 공원이다.

다만, 조사로 연결될 적에는 쓰지 않는다.

매화와 난초와 국화와 대나무를 사군자라고 한다.

(2) 짝을 지어 구별할 필요가 있을 때에 쓴다.

닭과 지네, 개와 고양이는 상극이다.

(3) 바로 다음의 말을 꾸미지 않을 때에 쓴다.

슬픈 사연을 간직한, 경주 불국사의 무영탑

성질 급한, 철수의 누이동생이 화를 내었다.

(4) 대등하거나 종속적인 절이 이어질 때에 절 사이에 쓴다.

콩 심으면 콩 나고, 팥 심으면 팥 난다.

흰 눈이 내리니, 경치가 더욱 아름답다.

(5) 부르는 말이나 대답하는 말 뒤에 쓴다.

얘야, 이리 오너라.

예, 지금 가겠습니다.

(6) 제시어 다음에 쓴다.

빵, 빵이 인생의 전부이더냐?

용기, 이것이야말로 무엇과도 바꿀 수 없는 젊은이의 자산이다.

(7) 도치된 문장에 쓴다.

이리 오세요, 어머님.

다시 보자, 한강수야.

(8) 가벼운 감탄을 나타내는 말 뒤에 쓴다.

아, 깜빡 잊었구나.

(9) 문장 첫머리의 접속이나 연결을 나타내는 말 다음에 쓴다.

첫째, 몸이 튼튼해야 된다.

아무튼, 나는 집에 돌아가겠다.

다만, 일반적으로 쓰이는 접속어(그러나, 그러므로, 그리고, 그런데 등) 뒤에는 쓰지 않음을 원칙으로 한다.

그러나 너는 실망할 필요가 없다.

(10) 문장 중간에 끼어든 구절 앞뒤에 쓴다.

나는, 솔직히 말하면, 그 말이 별로 탐탁하지 않소.

철수는 미소를 띠고, 속으로는 화가 치밀었지만, 그들을 맞았다.

(11) 되풀이를 피하기 위하여 한 부분을 줄일 때에 쓴다.

여름에는 바다에서, 가을에는 산에서 휴가를 즐겼다.

(12) 문맥상 끊어 읽어야 할 곳에 쓴다.

갑돌이가 울면서, 떠나는 갑순이를 배웅했다.

갑돌이가, 울면서 떠나는 갑순이를 배웅했다.

철수가, 내가 제일 좋아하는 친구이다.

남을 괴롭히는 사람들은, 만약 그들이 다른 사람에게 괴롭힘을 당해 본다면, 남을 괴롭히는 일이 얼마나 나쁜 일인지 깨달을 것이다.

(13) 숫자를 나열할 때에 쓴다.

1, 2, 3, 4

(14) 수의 폭이나 개략의 수를 나타낼 때에 쓴다.

5, 6세기　　6, 7개

(15) 수의 자릿점을 나타낼 때에 쓴다.

14,314

2. 가운뎃점(·)

열거된 여러 단위가 대등하거나 밀접한 관계임을 나타낸다.

(1) 쉼표로 열거된 어구가 다시 여러 단위로 나누어질 때에 쓴다.

철수 · 영이, 영수 · 순이가 서로 짝이 되어 윷놀이를 하였다.

공주 · 논산, 천안 · 아산 · 천원 등 각 지역구에서 2명씩 국회의원을 뽑는다.

시장에 가서 사과 · 배 · 복숭아 · 고추 · 마늘 · 파, 조기 · 명태 · 고등어를 샀다.

(2) 특정한 의미를 가지는 날을 나타내는 숫자에 쓴다.

3 · 1 운동　　8 · 15 광복

(3) 같은 계열의 단어 사시에 쓴다.

경북 방언의 조사 연구

충북 충남 두 도를 합하여 충청도라고 한다.

동사 형용사를 합하여 용언이라고 한다.

3. 쌍점(:)

(1) 내포되는 종류를 들 적에 쓴다.

문장부호 : 마침표, 쉼표, 따옴표, 물음표 등

문장사우 : 붓, 먹, 벼루, 종이

(2) 소표제 뒤에 간단한 설명이 붙을 때에 쓴다.

일　시 : 1984년 10월 15일 10시

마침표 : 문장이 끝남을 나타낸다.

(3) 저자명 다음에 저서명을 적을 때에 쓴다.

정약용 : 목민심서, 경세유표

주시경 : 국어 문법, 서울 박문서관, 1910.

(4) 시(時)와 분(分), 장(章)과 절(節) 따위를 구별할 때나, 둘 이상을 대비할 때에 쓴다.

오전 10 : 20(오전 10시 20분)

요한 3 : 16(요한복음 3장 16절)

대비 65 : 60(65 대 60)

4. 빗금(/)

(1) 대응, 대립되거나 대등한 것을 함께 보이는 단어와 구, 절 사이에 쓴다.

남궁만/남궁 만　　　백이십오 원/125원

착한 사람/악한 사람　　　맞닥뜨리다/맞닥트리다

(2) 분수를 나타낼 때에 쓰기도 한다.

3/4분기　　　3/20

III. 따옴표[引用符]

1. 큰따옴표(" "), 겹낫표(『 』)

가로쓰기에는 큰따옴표, 세로쓰기에는 겹낫표를 쓴다.

대화, 인용, 특별 어구 따위를 나타낸다.

(1) 글 가운데서 직접 대화를 표시할 때에 쓴다.

"전기가 없었을 때는 어떻게 책을 보았을까?"

"그야 등잔불을 켜고 보았겠지,"

(2) 남의 말을 인용할 경우에 쓴다.

예로 부터 "민심은 천심이다."라고 하였다.

"사람은 사회적 동물이다."라고 말한 학자가 있다.

2. 작은따옴표(' '), 낫표(「 」)

가로쓰기에는 작은따옴표, 세로쓰기에는 낫표를 쓴다.

(1) 따온 말 가운데 다시 따온 말이 들어 있을 때에 쓴다.

"여러분! 침착해야 됩니다. '하늘이 무너져도 솟아날 구멍이 있다.' 고 합니다."

(2) 마음 속으로 한 말을 적을 때에 쓴다.

'만약 내가 이런 모습으로 돌아간다면 모두들 깜짝 놀라겠지.'

[붙임] 문장에서 중요한 부분을 두드러지게 하기 위해 드러냄표 대신에 쓰기도 한다.

지금 필요한 것은 '지식' 이 아니라 '실천' 입니다.

'배부른 돼지' 보다는 '배고픈 소크라테스' 가 되겠다.

Ⅳ. 묶음표[括弧符]

1. 소괄호(( ))

(1) 원어, 연대, 주석, 설명 등을 넣을 적에 쓴다.

커피(coffee)는 기호 식품이다.

3 · 1운동(1919) 당시 나는 중학생이었다.

'무정(無情)' 은 춘원(6 · 25때 납북)의 작품이다.

니체(독일의 철학자)는 이렇게 말했다.

(2) 특히 기호 또는 기호적인 구실을 하는 문자, 단어, 구에 쓴다.

(1) 주어　　(ㄱ) 명사　　(라) 소리에 관한 것

(3) 빈 자리임을 나타낼 적에 쓴다.

우리 나라의 수도는 ( )이다.

2. 중괄호({ })

여러 단위를 동등하게 묶어서 보일 때에 쓴다.

주격 조사 {이, 가}　　국가의 3 요소 {국토, 국민, 주권}

3. 대괄호([ ])

(1) 묶음표 안의 말이 바깥 말과 음이 다를 때에 쓴다.

나이[年歲]　　　낱말[單語]　　　손발[手足]

(2) 묶음표 안에 또 묶음표가 있을 때에 쓴다.

명령에 있어서의 불확실[단호(斷乎)하지 못함]은 복종에 있어서의 불확실[모호(模湖)함]을 낳는다.

V. 이음표[연결부]

1. 줄표(–)

이미 말한 내용을 다른 말로 부연 하거나 보충함을 나타낸다.

(1) 문장 중간에 앞의 내용에 대해 부연하는 말이 끼여들 때 쓴다.

그 신동은 네 살에–보통 아이 같으면 천자문도 모를 나이에–벌써 시를 지었다.

(2) 앞의 말을 정정 또는 변명하는 말이 이어질 때 쓴다.

어머님께 말했다가–아니, 말씀드렸다가–꾸중만 들었다.

이건 내 것이니까–아니, 내가 처음 발견한 것이니까–절대로 양보 할 수가 없다.

2. 붙임표(–)

(1) 사전, 논문 등에서 합성어를 나타낼 적에, 또는 접사나 어미임을 나타낼 적에 쓴다.

겨울–나그네　　　불–구경　　　손–발

휘–날리다　　　슬기–롭다　　　–(으)ㄹ걸

(2) 외래어와 고유어 또는 한자어가 결합되는 경우에 쓴다.

나일론–실　　　다–장조　　　빛–에너지　　　염화–칼륨

3. 물결표(~)

(1) '내지' 라는 뜻에 쓴다.

9월 15일~9월 25일

(2) 어떤 말의 앞이나 뒤에 들어갈 말 대신 쓴다.

새마을 :　~운동　　　~노래

–가(家)– : 음악~　　　~미술

VI. 드러냄표[顯在符]

1. 드러냄표(˙, ˚)

˙ 이나 ˚ 을 가로쓰기에는 글자 위에, 세로쓰기에는 글자 오른쪽에 쓴다.

문장 내용 중에서 주의가 미쳐야 할 곳이나 중요한 부분을 특별히 드러내 보일 때 쓴다.

한글의 본 이름은 훈민정음이다.

중요한 것은 왜 사느냐가 아니라 어떻게 사느냐 하는 문제이다.

[붙임] 가로쓰기에서는 밑줄(---, ~~)을 치기도 한다.

다음 보기에서 명사가 아닌 것은?

VII. 안드러냄표[潛在符]

1. 숨김표(××, ○○)

알면서도 고의로 드러내지 않음을 나타낸다.

(1) 금기어나 공공연히 쓰기 어려운 비속어의 경우, 그 글자의 수효 만큼 쓴다.

배운 사람 입에서 어찌 ○○○란 말이 나올 수 있느냐?

그 말을 듣는 순간 ×××란 말이 목구멍까지 치밀었다.

(2) 비밀을 유지할 사항일 경우, 그 글자의 수효만큼 쓴다.

육군 ○○부대 ○○○명이 작전에 참가 하였다.

그 모임의 참석자는 김××씨, 정××씨 등 5명이었다.

2. 빠짐표(□)

글자의 자리를 비워 둠을 나타낸다.

(1) 옛 비문이나 서적 등에서 글자가 분명하지 않을 때에 그 글자의 수효 만큼 쓴다.

大師爲法主□□賴之大□薦(옛 비문)

(2) 글자가 들어가야 할 자리를 나타낼 때 쓴다.

훈민정음의 초성 중에서 아음(牙音)은 □□□의 석 자다.

3. 줄임표(……)

(1) 할 말을 줄였을 때에 쓴다.

"어디 나하고 한 번……."

하고 철수가 나섰다.

(2) 말이 없음을 나타낼 때에 쓴다.

"빨리 말해!"

"……."

| 표준어 규정 |

제1부 표준어 사정 원칙

제1장 총 칙

제 1 항 표준어는 교양 있는 사람들이 두루 쓰는 현대 서울말로 정함을 원칙으로 한다.

제 2 항 외래어는 따로 사정한다.

제2장 발음 변화에 따른 표준어 규정

제1절 자음

제 3 항 다음 단어들은 거센소리를 가진 형태를 표준어로 삼는다.(ㄱ을 표준어로 삼고, ㄴ을 버림.)

ㄱ	ㄴ	비 고
끄나풀	끄나불	
나팔-꽃	나발-꽃	
녘	녁	동~, 들~, 새벽~,동틀~
부엌	부억	
살-쾡이	삵-괭이	
칸	간	1.~막이, 빈~, 방 한~ 2. '초가삼간, 윗간' 의 경우에는 '간' 임. 재물을 다 없애다.
털어-먹다	떨어-먹다	

제 4 항 다음 단어들은 거센소리로 나지 않는 형태를 표준어로 삼는다.(ㄱ을 표준어로 삼고, ㄴ을 버림.)

ㄱ	ㄴ	비 고
가을-갈이	가을-카리	
거시기	거시키	
분침	푼침	

제 5 항 어원에서 멀어진 형태로 굳어져서 널리 쓰이는 것은, 그것을 표준어로 삼는다.(ㄱ을 표준

어로 삼고, ㄴ을 버림.)

ㄱ	ㄴ	비 고
강낭-콩	강남-콩	
고삿	고샅	겉~, 속~
사글-세	삭월-세	'월세'는 표준어임
울력-성당	위력-성당	떼를 지어서 으르고 협박하는 일

다만, 어원적으로 원형에 더 가까운 형태가 아직 쓰이고 있는 경우에도, 그것을 표준어로 삼는다.(ㄱ을 표준어로 삼고, ㄴ을 버림.)

ㄱ	ㄴ	비 고
갈비	가리	~구이, ~찜, 갈빗-대
갓모	갈모	1. 사기 만드는 물레 밑고리 2. '갈모'는 갓 위에 쓰는, 유지로 만든 우비
굴-젓	구-젓	
말-곁	말-겻	
물-수란	물-수랄	
밀-뜨리다	미-뜨리다	
적-이	저으기	적이-나, 적이나-하면
휴-지	수지	

제 6 항 다음 단어들은 의미를 구별함이 없이, 한 가지 형태만을 표준어로 삼는다.(ㄱ을 표준어로 삼고, ㄴ을 버림.)

ㄱ	ㄴ	비 고
돌	돐	생일, 주기
둘-째	두-째	'제 2, 두 개째'의 뜻
셋-째	세-째	'제 3, 세 개째'의 뜻
넷-째	네-째	'제 4, 네 개째'의 뜻
빌리다	빌다	1. 빌려 주다, 빌려 오다 2. '용서를 빌다'는 '빌다'임.

다만, '둘째'는 십 단위 이상의 서수사에 쓰일 때에 '두째'로 한다.

ㄱ	ㄴ	비 고
열두-째		열두 개째의 뜻은 '열둘째'로
스물두-째		스물두 개째의 뜻은 '스물둘째'로

제 7 항 수컷을 이르는 접두사는 '수-'로 통일한다.(ㄱ을 표준어로 삼고, ㄴ을 버림.)

ㄱ	ㄴ	비 고
수-꿩	수-퀑, 숫-꿩	'장끼' 도 표준어임.
수-나사	숫-나사	
수-놈	숫-놈	
수-사돈	숫-사돈	
수-소	숫-소	'황소' 도 표준어임.
수-은행나무	숫-은행나무	

다만 1. 다음 단어에서는 접두사 다음에서 나오는 거센소리를 인정한다. 접두사 '암-' 이 결합되는 경우에도 이에 준한다.(ㄱ을 표준어로 삼고, ㄴ을 버림.)

ㄱ	ㄴ	비 고
수-캉아지	숫-강아지	
수-캐	숫-개	
수-컷	숫-것	
수-	숫-기와	
수-탉	숫-닭	
수-탕나귀	숫-당나귀	
수-톨쩌귀	숫-돌쩌귀	
수-퇘지	숫-돼지	
수-평아리	숫-병아리	

다만 2. 다음 단어의 접두사는 '숫-'으로 한다.(ㄱ을 표준어로 삼고, ㄴ을 버림.)

ㄱ	ㄴ	비 고
숫-양	수-양	
숫-염소	수-염소	
숫-쥐	수-쥐	

제2절 모음

제 8 항 양성 모음이 음성 모음으로 바뀌어 굳어진 다음 단어는 음성 모음 형태를 표준어로 삼는다.(ㄱ을 표준어로 삼고, ㄴ을 버림.)

ㄱ	ㄴ	비 고
깡충-깡충	깡총-깡총	큰말은 '껑충껑충' 임.
-둥이	-동이	←童-이. 귀-, 막-, 선-, 쌍-, 검-,바람-, 흰-
발가-숭이	발가-송이	센말은 '빨가숭이' , 큰말은 '벌거숭이,

		뻘거숭이' 임.
보퉁이	보통이	
봉죽	봉족	←奉足. ~꾼, ~들다
뻗정-다리	뻗장-다리	
아서, 아서라	앗아, 앗아라	하자 말라고 금지하는 말
오뚝-이	오똑-이	부사도 '오뚝-이' 임.
주추	주초	←柱礎. 주춧-돌

다만, 어원 의식이 강하게 작용하는 다음 단어에서는 양성 모음 형태를 그대로 표준어로 삼는다.(ㄱ을 표준어로 삼고, ㄴ을 버림.)

ㄱ	ㄴ	비 고
부조(扶助)	부주	~금, 부좃-술
사돈(査頓)	사둔	밭~, 안~
삼촌(三寸)	삼춘	시~, 외~, 처~

제 9 항 'ㅣ' 역행 동화 현상에 의한 발음은 원칙적으로 표준 발음으로 인정하지 아니하되, 다만 다음 단어들은 그러한 동화가 적용된 형태를 표준어로 삼는다.(ㄱ을 표준어로 삼고, ㄴ을 버

ㄱ	ㄴ	비 고
-내기	-나기	서울-, 시골-, 신출-, 풋-
냄비	남비	
동댕이-치다	동당이-치다	

[붙임 1] 다음 단어는 'ㅣ' 역행 동화가 일어나지 아니한 형태를 표준어로 삼는다.(ㄱ을 표준어로 삼

ㄱ	ㄴ	비 고
아지랑이	아지랭이	

[붙임 2] 기술자에게는 '-장이', 그 외에는 '-쟁이'가 붙는 형태를 표준어로 삼는다.(ㄱ을 표준어

ㄱ	ㄴ	비 고
미장이	미쟁이	
유기장이	유기쟁이	
멋쟁이	멋장이	
소금쟁이	소금장이	
담쟁이-덩굴	담장이-덩굴	

골목쟁이 발목쟁이	골목장이 발목장이	

제10항　다음 단어는 모음이 단순화한 형태를 표준어로 삼는다.(ㄱ을 표준어로 삼고, ㄴ을 버림.)

ㄱ	ㄴ	비　고
괴팍-하다	괴퍅-하다/괴팩-하다	
-구먼	-구면	
미루-나무	미류-나무	←美柳~.
미륵	미력	← 彌勒. ~보살, ~불, 돌~
여느	여늬	
온-달	왼-달	만 한 달
으레	으례	
케케-묵다	켸켸-묵다	
허우대	허위대	
허우적-허우적	허위적-허위적	허우적-거리다

제11항　다음 단어에서는 모음의 발음 변화를 인정하여, 발음이 바뀌어 굳어진 형태를 표준어로 삼는다.(ㄱ을 표준어로 삼고, ㄴ을 버림.)

ㄱ	ㄴ	비　고
-구려	-구료	
깍쟁이	깍정이	1. 서울~, 알~, 찰~ 2. 도토리, 상수리 등의 받침은 '깍정이' 임
나무라다	나무래다	
미수	미시	미숫-가루
바라다	바래다	'바램[所望]' 은 비표준어임.
상추	상치	~쌈
시러베-아들	실업의-아들	
주책	주착	←主着. ~망나니, ~없다.
지루-하다	지리-하다	←支離.
튀기	트기	
허드레	허드래	허드렛-물, 허드렛-일
호루라기	호루루기	

제12항　'웃-' 및 '윗-' 은 명사 '위' 에 맞추어 '윗-' 으로 통일한다.(ㄱ을 표준어로 삼고, ㄴ을 버림.)

ㄱ	ㄴ	비 고
윗-넓이	웃-넓이	
윗-눈썹	웃-눈썹	
윗-니	웃-니	
윗-당줄	웃-당줄	
윗-덧줄	웃-덧줄	
윗-도리	웃-도리	
윗-동아리	웃-동아리	준말은 '윗동' 임
윗-막이	웃-막이	
윗-머리	웃-머리	
윗-목	웃-목	
윗-몸	웃-몸	~운동
윗-바람	웃-바람	
윗-배	웃-배	
윗-벌	웃-벌	
윗-변	웃-변	수학 용어
윗-사랑	웃-사랑	
윗-세장	웃-세장	
윗-수염	웃-수염	
윗-입술	웃-입술	
윗-잇몸	웃-잇몸	
윗-자리	웃-자리	
윗-중방	웃-중방	
윗-통	웃-통	

다만 1. 된소리나 거센소리 앞에서는 '-위' 로 한다.(ㄱ을 표준어로 삼고, ㄴ을 버림.)

ㄱ	ㄴ	비 고
위-짝	웃-짝	
위-쪽	웃-쪽	
위-채	웃-채	
위-층	웃-층	
위-치마	웃-치마	
위-턱	웃-턱	~구름[上層雲]
위-팔	웃-팔	

다만 2. '아래, 위' 의 대립이 없는 단어는 '웃-' 으로 발음되는 형태를 표준어로 삼는다.(ㄱ을 표준어로 삼고, ㄴ을 버림.)

ㄱ	ㄴ	비 고
웃-국	윗-국	
웃-기	윗-기	
웃-돈	윗-돈	
웃-비	윗-비	~걷다
웃-어른	윗-어른	
웃-옷	윗-옷	

제13항 한자 '구(句)'가 붙어서 이루어진 단어는 '귀'로 읽는 것을 인정하지 아니하고, '구'로 통일한다.(ㄱ을 표준어로 삼고, ㄴ을 버림.)

ㄱ	ㄴ	비 고
구법(句法)	귀법	
구절(句節)	귀절	
구점(句點)	귀점	
결구(結句)	결귀	
경구(警句)	경귀	
경인구(警人句)	경인귀	
난구(難句)	난귀	
단구(短句)	단귀	
단명구(短命句)	단명귀	
대구(對句)	대귀	~법(對句法)
문구(文句)	문귀	
성구(成句)	성귀	~어(成句語)
시구(詩句)	시귀	
어구(語句)	어귀	
연구(聯句)	연귀	
인용구(引用句)	인용귀	
절구(絶句)	절귀	

다만, 다음 단어는 '귀'로 발음되는 형태를 표준어로 삼는다.(ㄱ을 표준어로 삼고, ㄴ을 버림.)

ㄱ	ㄴ	비 고
귀-글	구-글	
글-귀	글-구	

제3절 준말

제14항 준말이 널리 쓰이고 본말이 잘 쓰이지 않는 경우에는, 준말만을 표준어로 삼는다.(ㄱ을 표준어로 삼고, ㄴ을 버림.)

ㄱ	ㄴ	비 고
귀찮다	귀치 않다	
김	기음	~매다
똬리	또아리	
무	무우	~강즙, ~말랭이, ~생채, 가랑~, 갓~, 외~, 총각~
미다	무이다	1. 털이 빠져 살이 드러나다. 2. 찢어지다
뱀	배암	
뱀-장어	배암-장어	
빔	비음	설~, 생일~
샘	새암	~바르다, ~바리
생-쥐	새앙-쥐	
솔개	소리개	
온-갖	온-가지	
장사-	장사-아치	

제15항 준말이 쓰이고 있더라도, 본말이 널리 쓰이고 있으면 본말을 표준어로 삼는다.(ㄱ을 표준어로 삼고, ㄴ을 버림.)

ㄱ	ㄴ	비 고
경황-없다	경-없다	
궁상-떨다	궁-떨다	
귀이-개	귀-개	
낌새	낌	
낙인-찍다	낙-하다/ 낙-치다	
내왕-꾼	냉-꾼	
돗-자리	돗	
뒤웅-박	뒝-박	
뒷물-대야	뒷-대야	
마구-잡이	막-잡이	
맵자-하다	맵자다	모양이 제격에 어울리다
모이	모	
벽-돌	벽	
부스럼	부럼	정월 보름에 쓰는 '부럼' 은 표준어임.

살얼음-판	살-판	
수두룩-하다	수둑-하다	
암-죽	암	
어음	엄	
일구다	일다	
죽-살이	죽-살	
퇴박-맞다	퇴-맞다	
한통-치다	통-치다	

[붙임] 다음과 같이 명사에 조사가 붙은 경우에도 이 원칙을 적용한다.(ㄱ을 표준어로 삼고, ㄴ을 버림.)

ㄱ	ㄴ	비 고
아래-로	알-로	

第16항 준말과 본말이 다 같이 널리 쓰이면서 준말의 효용이 뚜렷이 인정되는 것은, 두 가지를 다 표준어로 삼는다.(ㄱ은 본말이며, ㄴ은 준말임.)

ㄱ	ㄴ	비 고
거짓-부리	거짓-불	작은말은 '가짓부리, 가짓불' 임
노을	놀	저녁~
막대기	막대	
망태기	망태	
머무르다	머물다	모음 어미가 연결될 때에는 준말의 활용형을 인정하지 않음.
서두르다	서둘다	
서투르디	서툴다	
석새-삼베	석새-베	
시-누이	시-뉘/시-누	
오-누이	오-뉘/오-누	
외우다	외다	외우며, 외워 : 외며, 외어
이기죽-거리다	이죽-거리다	
찌꺼기	찌끼	'찌꺽지' 는 비표준어임.

제4절 단수 표준어

제17항 비슷한 발음의 몇 형태가 쓰일 경우, 그 의미에 아무런 차이가 없고, 그 중 하나가 더 널리 쓰이면, 그 한 형태만을 표준어로 삼는다.(ㄱ을 표준어로 삼고, ㄴ을 버림.)

ㄱ	ㄴ	비 고
거든-그리다	거둥-그리다	1. 거든하게 거두어 싸다 2. 작은말은 '가든-그리다' 임.
구어-박다	구워-박다	사람이 한 군데서만 지내다.
귀-고리	귀엣-고리	
귀-띔	귀-틤	
귀-지	귀-에지	
까딱-하면	까땍-하면	
꼭두-각시	꼭둑-각시	
내색	나색	감정이 나타나는 얼굴 빛
내숭-스럽다	내흉-스럽다	
냠냠-거리다	얌냠-거리다	냠냠-하다
냠냠-이	얌냠-이	
너[四]	네	~돈, ~말, ~발, ~푼
넉[四]	너/네	~냥, ~되, ~섬, ~자
다다르다	다닫다	
댑-싸리	대-싸리	
더부룩-하다	더뿌룩-하다/ 듬뿌룩-하다	
-던	-든	선택, 무관의 뜻을 나타내는 어미는 '-든' 임. 가-든(지) 말-든(지), 보-든(가) 말-든(가)
-던가	-든가	
-던걸	-든걸	
-던고	-든고	
-던데	-든데	
-던지	-든지	
-(으)려고	-(으)ㄹ려고/ -(으)ㄹ라고	
-(으)려야	-(으)ㄹ려야/ -(으)ㄹ래야	
망가-뜨리다	망그-뜨리다	
멸치	며루치/메리치	
반빗-아치	반비-아치	'반빗' 노릇을 하는 사람, 찬비(饌婢) '반비' 는 밥짓는 일을 맡은 계집종
보습	보십/보섭	
본새	뽄새	
봉숭아	봉숭화	'봉선화' 도 표준어임.
뺨-따귀	뺌-따귀/뺨따구니	'뺨' 의 비속어임.
뻐개다[斫]	뻐기다	두 조각으로 가르다.

뻐기다[誇]	뻐개다	뽐내다
사자-탈	사지-탈	
상-판대기	쌍-판대기	
서[三]	세/석	~돈, ~말, ~발, ~푼
석[三]	세	~냥, ~되, ~섬, ~자
설령(設令)	서령	
-습니다	-읍니다	먹습니다, 갔습니다, 없습니다, 있습니다, 좋습니다 모음 뒤에는 '-ㅂ니다' 임.
시름-시름	시늠-시늠	
씀벅-씀벅	썸벅-썸벅	
아궁이	아궁지	
아내	안해	
어중-간	어지-중간	
오금-팽이	오금-탱이	
오래-오래	도래-도래	돼지 부르는 소리
-올시다	-올습니다	
옹골-차다	공골-차다	
우두커니	우두머니	작은 말은 '오도카니' 임.
잠-투정	잠-투세/잠-주정	
재봉-틀	자봉-틀	발~, 손~
짓-무르다	짓-물다	
짚-북데기	짚-북세기	'짚북더기' 도 비표준어임.
쪽	짝	편(便). 이~, 그~, 저~ 다만, '아무-쪽' 은 '짝' 임.
천장(天障)	천정	'천정부지(天井不知)' 는 '천정' 임.
코-맹맹이	코-맹녕이	
흉-업다	흉-헙다	

제5절 복수 표준어

제18항 다음 단어는 ㄱ을 원칙으로 하고, ㄴ도 허용한다.

ㄱ	ㄴ	비 고
네	예	
쇠-	소-	-가죽, -고기, -기름, -머리, -뼈
괴다	고이다	물이~. 밑을~.
꾀다	꼬이다	어린애를~. 벌레가~.
쐬다	쏘이다	바람을~.

죄다 쬐다	조이다 쪼이다	나사를~. 볕을~.

제19항 어감의 차이를 나타내는 단어 또는 발음이 비슷한 단어들이 다 같이 널리 쓰이는 경우에는, 그 모두를 표준어로 삼는다.(ㄱ, ㄴ을 모두 표준어로 삼음.)

ㄱ	ㄴ	비 고
거슴츠레-하다	게슴츠레-하다	
고까	꼬까	~신, ~옷
고린-내	코린-내	
교기(驕氣)	갸기	교만한 태도
구린-내	쿠린-내	
꺼림-하다	께름-하다	
나부랭이	너부렁이	

제3장 어휘 선택의 변화에 따른 표준어 규정

제1절 고어

제20항 사어(死語)가 되어 쓰이지 않게 된 단어는 고어로 처리하고, 현재 널리 사용되는 단어를 표준어로 삼는다.(ㄱ을 표준어로 삼고, ㄴ을 버림.)

ㄱ	ㄴ	비 고
난봉	봉	
낭떠러지	낭	
설거지-하다	설겆다	
애달프다	애닯다	
오동-나무	머귀-나무	
자두	오얏	

제2절 한자어

제21항 고유어 계열의 단어가 널리 쓰이고 그에 대응되는 한자어 계열의 단어가 용도를 잃게 된 것은, 고유의 계열의 단어만을 표준어로 삼는다.(ㄱ을 표준어로 삼고, ㄴ을 버림.)

ㄱ	ㄴ	비 고
가루-약	말-약	
구들-장	방-돌	
길품-삯	보행-삯	
까막-눈	맹-눈	
꼭지-미역	총각-미역	
나뭇-갓	시장-갓	
늙-다리	노닥다리	
두껍-닫이	두껍-창	
떡-암죽	병-암죽	
마른-갈이	건-갈이	
마른-빨래	건-빨래	
메-찰떡	반-찰떡	
박달-나무	배달-나무	
밥-소라	식-소라	큰 놋그릇
사래-논	사래-답	묘지기나 마름이 부쳐 먹는 땅
사래-밭	사래-전	
삯-말	삯-마	
성냥	화곽	
솟을-무늬	솟을-문(-紋)	
외-지다	벽-지다	
움-파	동-파	
잎-담배	잎-초	
잔-돈	잔-전	
조-당수	조-당죽	
죽데기	피-죽	'죽더기' 도 비표준어임.
지겟-다리	목-발	지게 동발의 양쪽다리
짐-꾼	부지-군(負持-)	
푼-돈	분-전/푼-전	
흰-말	백-말/부루-말	'백마' 는 표준어임.
흰-죽	백-죽	

제22항 고유어 계열의 단어가 생명력을 잃고 그에 대응되는 한자어 계열의 단어가 널리 쓰이면, 한자어 계열의 단어를 표준어로 삼는다.(ㄱ을 표준어로 삼고, ㄴ을 버림.)

ㄱ	ㄴ	비 고
개다리-소반	개다리-밥상	
겸-상	맞-상	
고봉-밥	높은-밥	
단-벌	홑-벌	

마방-집	마바리-집	馬房~
민망-스럽다/ 면구-스럽다	민주-스럽다	
방-고래	구들-고래	
부항-단지	뜸-단지	
산-누에	멧-누에	
산-줄기	멧-줄기/멧-발	
수-삼	무-삼	
심-돋우개	불-돋우개	
양-파	둥근-파	
어질-병	어질-머리	
윤-달	군-달	
장력-세다	장성-세다	
제-석	젯-돗	
총각-무	알-무/알타리-무	
칫-솔	잇-솔	
포수	총-댕이	

제3절 방언

제23항 방언이던 단어가 표준어보다 더 널리 쓰이게 된 것은, 그것을 표준어로 삼는다. 이 경우, 원래의 표준어는 그대로 표준어로 남겨 두는 것을 원칙으로 한다.(ㄱ을 표준어로 삼고, ㄴ도 표준어로 남겨 둠.)

ㄱ	ㄴ	비 고
멍게	우렁쉥이	
물-방개	선두리	
애-순	어린-순	

제24항 방언이던 단어가 널리 쓰이게 됨에 따라 표준어이던 단어가 안 쓰이게 된 것은, 방언이던 단어를 표준어로 삼는다.(ㄱ을 표준어로 삼고, ㄴ을 버림.)

ㄱ	ㄴ	비 고
귀밑-머리	귓-머리	
까-뭉개다	까-무느다	
막상	마기	
빈대-떡	빈자-떡	
생인-손	생안-손	준말은 '생-손' 임.

역-겹다	역-스럽다	
코-주부	코-보	

제4절 단수 표준어

제25항 의미가 똑같은 형태가 몇 가지 있을 경우, 그 중 어느 하나가 압도적으로 널리 쓰이면, 그 단어만을 표준어로 삼는다.(ㄱ을 표준어로 삼고, ㄴ을 버림.)

ㄱ	ㄴ	비 고
-게끔	-게시리	
겸시-겸사	겸지-겸지/겸두-겸두	
고구마	참-감자	
고치다	낫우다	병을~.
골목-쟁이	골목-자기	
광주리	광우리	
괴통	호구	자루를 박는 부분
국-물	멀-국/말-국	
군-표	군용-어음	
길-잡이	길-앞잡이	'길라잡이' 도 표준어임.
까다롭다	까닭-스럽다/ 까탈-스럽다	
까치-발	까치-다리	신반 따위를 받치는 물건
꼬창-모	말뚝-모	꼬창이로 구멍을 뚫으면서 심는 모
나룻-배	나루	'나루[津]' 는 표준어임.
납-도리	민-도리	
농-지거리	기롱-지거리	다른 의미의 '기롱지거리' 는 표준어임.
다사-스럽다	다사-하다	간섭을 잘 하다.
다오	다구	이리~.
담배-꽁초	담배-꼬투리/ 담배-꽁치/ 담배-꽁추	
담배-설대	대-설대	
대장-일	성냥-일	
뒤져-내다	뒤어-내다	
뒤통수-치다	뒤꼭지-치다	
등-나무	등-칡	
등-때기	등-떠리	'등' 의 낮은말.
등잔-걸이	등경-걸이	
떡-보	떡-충이	

똑딱-단추	딸꼭-단추	
매-만지다	우미다	
먼-발치	먼-발치기	
며느리-발톱	뒷-발톱	
명주-붙이	주-사니	
목-메다	목-맺히다	
밀짚-모자	보릿짚-모자	
바가지	열-바가지/열-박	튜브의 바람을 넣는 구멍에 붙은, 쇠로 만든 꼭지
바람-꼭지	바람-고다리	
반-나절	나절-가웃	그물의 한 가지
반두	독대	
버젓-이	뉘연-히	
본-받다	법-받다	
부각	다시마-자반	
부끄러워-하다	부끄리다	
부스러기	부스러기	
부지깽이	부지팽이	부스럼에서 피고름을 빨아내기 위하여 부항을 붙이는 데 쓰는 자그마한 단지
부항-단지	부항-항아리	
붉으락-푸르락	푸르락-붉으락	김맬 때에 흙덩이를 옆으로 빼내는 일, 또는 그 흙덩이
비켜-덩이	옆-사리미	
		작은말은 '뱅충이'
빙충-이	방충-맞이	'빠트리다' 도 표준어임.
빠-뜨리다	빼치-다	
뻣뻣-하다	왜긋다	
뽐-내다	느물다	자물쇠나 빗장 따위를 반 정도만 걸어 놓다.
사로-잠그다	사로-채우다	
살-풀이	살-막이	상투 튼 이를 놀리는 말
상투-쟁이	상투-꼬부랑이	
새앙-손이	생강-손이	
샛-별	새벽-별	
선-머슴	풋-머슴	
섭섭-하다	애운-하다	국악 용어 '속소리' 는 표준어임.
속-말	속-소리	
손목-시계	팔목-시계/팔뚝-시계	'구루마' 는 일본어임.
손-수레	손-구루마	
쇠-고랑	고랑-쇠	

수도-꼭지	수도-고동	
숙성-하다	숙-지다	
순대	골집	
술-고래	술-꾸러기/ 술-부대/술보/ 술-푸대	
식은-땀	찬-땀	
신기-롭다	신기-스럽다	'신기-하다' 도 표준어임.
쌍동-밤	쪽-밤	
쏜살-같이	쏜살-로	
아주	영판	
안-걸이	안-낚시	씨름 용어
안다미-씌우다	안다미-시키다	제가 담당할 책임을 남에게 넘기다.
안쓰럽다	안-슬프다	
안절부절-못하다	안절부절-하다	
앉은뱅이-저울	앉은-저울	
알-사탕	구슬-사탕	
암-내	곁땀-내	
앞-지르다	따라-먹다	
애-벌레	어린-벌레	
얕은-꾀	물탄-꾀	
언뜻	펀뜻	
언제나	노다지	
얼룩-말	워리-말	
-에는	-엘랑	
열심-히	열심-으로	
입-담	말-담	
자배기	너벅지	
전봇-대	전선-대	
주책-없다	주책-이다	'주착→주책' 은 제11항 참조
쥐락-펴락	펴락-쥐락	
-지만	-지만서도	←-지마는
짓고-땡	지어-땡/짓고-땡이	
짧은-작	짜른-작	
찹-쌀	이-찹쌀	
청대-콩	푸른-콩	
칡-범	갈-범	

제5절 복수 표준어

제26항 한 가지 의미를 나타내는 형태 몇 가지가 널리 쓰이며 표준어 규정에 맞으면, 그 모두를 표준어로 삼는다.

복수 표준어	비 고
가는-허리/잔-허리	
가락-엿/가래-엿	
가뭄/가물	
가엾다/가엽다	가엾어/가여워, 가엾은/가여운
감감-무소식/감감-소식	
개수-통/설거지-통	'설겆다' 는 '설거지-하다' 로
개숫-물/설거지-물	
갱-엿/검은-엿	
-거리다/-대다	가물-, 출렁-
거위-배/횟-배	
것/해	내~, 네~, 뉘~
게을러-빠지다/게을러-터지다	
고깃-간/푸줏-간	'고깃-관, 푸줏-관, 다림-방' 은 비표준어임.
곰곰/곰곰-이	
관계-없다/상관-없다	
교정-보다/준-보다	
구들-재/구재	
귀퉁-머리/귀퉁-배기	'귀퉁이' 의 비어임.
극성-떨다/극성-부리다	
기세-부리다/기세-피우다	
기승-떨다/기승-부리다	
깃-저고리/배내-옷/배냇-저고리	
꼬까/때때/고까	~신, ~옷
꼬리-별/살-별	
꽃-도미/붉-돔	
나귀/당-나귀	
날-걸/세-뿔	윷판의 쨀밭 다음의 셋째 밭
내리-글씨/세로-글씨	
넝쿨/덩굴	'덩쿨' 은 비표준어임
녘/쪽	동~, 서~
눈-대중/눈-어림/ 눈-짐작	
느리-광이/느림-보/늘-보	
늦-모/마냥-모	←만이앙-모
다기-지다/다기-차다	

다달-이/매-달	
-다마다/-고말고	
다박-나룻/다박-수염	
닭의-장/닭-장	
댓-돌/툇-돌	
덧-창/겉-창	
독장-치다/독판-치다	
동자-기둥/쪼구미	
돼지-감자/뚱딴지	
되우/된통/되게	
두동-무니/두동-사니	윷놀이에서, 두 동이 한데 어울려 가는 말
뒷-갈망/뒷-감당	
뒷-말/뒷-소리	
들락-거리다/들랑-거리다	
들락-날락/들랑-날랑	
딴-전/딴-청	
땅-콩/호-콩	
땔-감/땔-거리	
-뜨리다/-트리다	깨-, 떨어-, 쏟-
뜬-것/뜬-귀신	
마룻-줄/용총-줄	돛대에 매어놓은 줄. ‘이어줄’ 은 비표준어임.
마-파람/앞-바람	
만장-판/만장-중(滿場中)	
만큼/만치	
말-동무/말-벗	
매-갈이/매-조미	
매-통/목-매	
먹-새/먹음-새	‘먹음-먹이’ 는 비표준어임.
멀찌감치/멀찌가니/멀찍이	
멱통/산-멱/산-멱통	
면-치레/외면-치레	
모-내다/모-심다	모-내기/모-심기
모쪼록/아무쪼록	
목판-되/모-되	
목화-씨/면화-씨	
무심-결/무심-중	
물-봉숭아/물-봉선화	
물-부리/빨-부리	
물-심부름/물-시중	
물추리-나무/물추리-막대	

물-타작/진-타작	
민둥-산/벌거숭이-산	
밑-층/아래-층	
바깥-벽/밭-벽	
바른/오른[右]	~손, ~쪽, ~편
발-모가지/발-목쟁이	'발목' 의 비속어임.
버들-강아지/버들-개지	
벌레/버러지	'벌거지, 벌러지' 는 비표준어임
변덕-스럽다/변덕-맞다	
보-조개/볼-우물	
보통-내기/여간-내기/예사-내기	'행-내기' 는 비표준어임.
볼-따구니/볼-퉁이/볼-때기	'볼' 의 비속어임.
부침개-질/부침-질/지짐-질	'부치개-질' 은 비표준어임.
불똥-앉다/등화-지다/등화-앉다	
불-사르다/사르다	
비발/비용(費用)	
뾰두라지/뾰루지	
살-쾡이/삵	삵-피
삽살-개/삽사리	
상두-꾼/상여-꾼	'상도-꾼, 향도-꾼' 은 비표준어임
상-씨름/소-걸이	
생/새앙/생강	
생-뿔/새앙-뿔/생강-뿔	'쇠뿔' 의 형용
생-철/양-철	1. '서양-철' 은 비표준어임. 2. '生鐵' 은 '무쇠' 임.
서럽다/섧다	'설다' 는 비표준어임.
서방-질/화냥-질	
성글다/성기다	
-(으)세요/-(으)셔요	
송이/송이-버섯	
수수-깡/수숫-대	
술-안주/안주	
-스레하다/-스름하다	거무-, 발그-
시늉-말/흉내-말	
시새/세사(細沙)	
신/신발	
신주-보/독보(櫝褓)	
심술-꾸러기/심술-쟁이	
씁쓰레-하다/씁쓰름-하다	
아귀-세다/아귀-차다	
아래-위/위-아래	

아무튼/어떻든/어쨌든/하여튼/여하튼	
앉음-새/앉음-앉음	
알은-척/알은-체	
애-갈이/애벌-갈이	
애꾸눈-이/외눈-박이	'외대-박이, 외눈-퉁이'는 비표준어임.
양념-감/양념-거리	
어금버금-하다/어금지금-하다	
어기여차/어여차	
어림-잡다/어림-치다	
어이-없다/어처구니-없다	
어저께/어제	
언덕-바지/언덕-배기	
얼렁-뚱땅/엄벙-뗑	
여왕-벌/장수-벌	
여쭈다/여쭙다	
여태/입때	'여직'은 비표준어임.
여태-껏/이제-껏/입때-껏	'여직-껏'은 비표준어임.
역성-들다/역성-하다	'편역-들다'는 비표준어임.
연-달다/잇-달다	
엿-가락/엿-가래	
엿-기름/엿-길금	
엿-반대기/엿-자박	
오사리-잡놈/오색-잡놈	'오합-잡놈'은 비표준어임.
옥수수/강냉이	~떡, ~묵, ~밥, ~튀김
왕골-기직/왕골-자리	
외겹-실/외올-실/홑-실	'홑겹-실, 올-실'은 비표준어임.
외손-잡이/한손-잡이	
욕심-꾸러기/욕심-쟁이	
우레/천둥	우렛-소리/천둥-소리
우지/울-보	
을러-대다/을러-메다	
의심-스럽다/의심-쩍다	
-이에요/-이어요	
이틀-거리/당-고금	학질의 일종임.
일일-이/하나-하나	
일찌감치/일찌거니	
입찬-말/입찬-소리	
자리-옷/잠-옷	
자물-쇠/자물-통	
장가-가다/장가-들다	'서방-가다'는 비표준어임.
재롱-떨다/재롱-부리다	

제-가끔/제-각기	
좀-처럼/좀-체	'좀-체로, 좀-해선, 좀-해' 는 비표준어임.
줄-꾼/줄-잡이	
중신/중매	
짚-단/짚-뭇	
쪽/편	오른~, 왼~
차차/차츰	
책-씻이/책-거리	
척/체	모르는~, 잘난~
천연덕-스럽다/천연-스럽다	
철-따구니/철-딱서니/철-딱지	'철-때기' 는 비표준어임.
추어-올리다/추어-주다	'추켜-올리다' 는 비표준어임.
축-가다/축-나다	
침-놓다/침-주다	
통-꼭지/통-젖	통에 붙은 손잡이
파자-쟁이/해자-쟁이	점치는 이
편지-투/편지-틀	
한턱-내다/한턱-하다	
해웃-값/해웃-돈	'해우-차' 는 비표준어임.
혼자-되다/홀로-되다	
흠-가다/흠-나다/흠-지다	

V 명저 백선 목록

영남대학교는 2009년도에 '고전 백선 추천위원회' 를 구성하고, 문학, 역사, 철학, 경제, 과학, 시, 예술 등의 분야에서 동서고금의 대표적 명저 100권을 선정하였다. 선정된 명저 백선 리스트를 2009년부터 학교 홈페이지 'Y형인재교육' 내 '인성함양' 코너에 게시해 두었다. 게시된 명저 백선 리스트는 한글 자모의 순으로 제시되었으며 각 명저 리스트에 대해서는 한쪽 분량의 해제도 함께 제공하였다. 해제의 내용은 '작가 소개' , '추천 이유' , '명저 내용 요약' 등으로 구성하여 명저에 대한 학생들의 접근성을 높였다. 한편 학교 홈페이지 'Y형인재교육' 내 '명저 읽기와 글쓰기' 코너에는 영남대학교 선정 명저 리스트뿐만 아니라 칭화대학교와 시카고대학교 선정 고전 리스트를 함께 올려 학생 스스로 자신의 능력과 필요에 맞게 단계별 독서를 할 수 있도록 하였다.

번호	도서명	저자
1	간디 자서전	마하트마 간디
2	감시와 처벌	미셸 푸코
3	강의	신영복
4	거대한 전환	칼 폴라니
5	거의 모든 것의 역사	빌 브라이슨
6	고리오 영감	오노레 발자크
7	과학혁명의 구조	토마스 쿤
8	광장	최인훈
9	구운몽	김만중
10	국가	플라톤
11	국부론	아담 스미스
12	국화와 칼	루스 베네딕트
13	그리스 비극	소포클레스 외
14	나의 생애와 사상	알베르트 슈바이처
15	난장이가 쏘아올린 작은 공	조세희
16	난중일기	이순신
17	논어	공자
18	다산시선	정약용
19	당시선	두보 외
20	당신들의 천국	이청준
21	데미안	헤르만 헤세
22	도덕적 인간과 비도덕적 사회	라인홀트 니버
23	돈키호테	미겔 세르반테스
24	뜻으로 본 한국역사	함석헌
25	루쉰 소설집	루쉰
26	리바이어던	토마스 홉스
27	마담 퀴리	에브 퀴리
28	맹자	맹자
29	멋진 신세계	올더스 헉슬리
30	문학과 예술의 사회사	아놀드 하우저
31	문화의 수수께끼	마빈 해리스
32	물질문명과 자본주의	페르낭 브로델
33	미국의 민주주의	알렉시스 토크빌

34	미당 시선	서정주
35	미디어의 이해	마샬 맥루한
36	백년동안의 고독	가브리엘 마르케스
37	백범일지	김구
38	백석시전집	백석
39	법구경	
40	베토벤의 생애	로맹 롤랑
41	변신	프란츠 카프카
42	불한당들의 세계사	호르헤 보르헤스
43	빌러비드	토니 모리슨
44	사기	사마천
45	사회계약론	장 자크 루소
46	삼국유사	일연
47	삼국지	나관중
48	설국	가와바타 야스나리
49	세계화의 덫	한스 페터 마르틴
50	슬픈 열대	클로드 레비스트로스
51	아라비안나이트	
52	안나 카레니나	레오 톨스토이
53	어머니	막심 고리키
54	에로스와 문명	허버트 마르쿠제
55	엔트로피	제레미 리프킨
56	역대명화기	장언원
57	역사란 무엇인가	에드워드 카
58	열하일기	박지원
59	예술과 과학	엘리안 스트로베르
60	예술과 환영	에른스트 한스 곰브리치
61	오래된 미래	헬레나 노르베리 호지
62	오리엔탈리즘	에드워드 사이드
63	오만과 편견	제인 오스틴
64	월든	데이빗 소로우
65	위대한 유산	찰스 디킨스
66	유토피아	토마스 모어
67	이기적 유전자	리처드 도킨스

68	이반 데니소비치의 하루	알렉산드로 솔제니친
69	이방인	알베르 까뮈
70	인간의 조건	한나 아렌트
71	일리아드	호머
72	임꺽정	홍명희
73	자기만의 방	버지니아 울프
74	자본론	칼 맑스
75	자유론	존 스튜어트 밀
76	장미의 이름(상, 하권)	움베르토 에코
77	장자	장자
78	적과 흑	스탕달
79	젊은 베르테르의 슬픔	요한 볼프강 괴테
80	젊은 예술가의 초상	제임스 조이스
81	정신분석 강의	지그문트 프로이트
82	종의 기원	찰스 다윈
83	주홍글자	나다니엘 호손
84	천변풍경	박태원
85	체 게바라 자서전	체 게바라
86	카라마조프가의 형제들	표도르 도스토예프스키
87	카오스	제임스 클라크
88	코스모스	칼 세이건
89	태평천하	채만식
90	털없는 원숭이	데즈먼드 모리스
91	퇴계문선	이황
92	팡세	파스칼
93	폭풍의 언덕	에밀리 브론테
94	풍속의 역사	에두아르트 푹스
95	프로테스탄티즘 윤리와 자본주의 정신	막스 베버
96	햄릿	윌리엄 세익스피어
97	혁명의 시대	에릭 홉스봄
98	현대물리학과 동양사상	프리초프 카프라
99	호밀밭의 파수꾼	제롬 샐린저
100	혼돈으로부터의 질서	일리야 프리고진 외